ULRICH KARPEN

Schließung einer Hochschule wegen Studentenmangels

Schriften zum Öffentlichen Recht

Band 556

Schließung einer Hochschule wegen Studentenmangels

Hochschul-, organisations- und beamtenrechtliche Probleme

Von

Ulrich Karpen

Professor an der Universität Hamburg

Duncker & Humblot · Berlin

CIP-Titelaufnahme der Deutschen Bibliothek

Karpen, Ulrich:
Schließung einer Hochschule wegen Studentenmangels:
Hochschul-, organisations- und beamtenrechtliche Probleme /
von Ulrich Karpen. — Berlin: Duncker u. Humblot, 1989
  (Schriften zum Öffentlichen Recht; Bd. 556)
  ISBN 3-428-06614-6
NE: GT

Alle Rechte vorbehalten
© 1989 Duncker & Humblot GmbH, Berlin 41
Druck: Berliner Buchdruckerei Union GmbH, Berlin 61
Printed in Germany

ISSN 0582-0200
ISBN 3-428-06614-6

Vorwort

Nach Jahrzehnten einer gewaltigen Expansion – die Zahl der Studenten stieg von ca. 250.000 in den Sechziger Jahren auf heute über 1,2 Mio – ist das Hochschulwesen in eine Kontraktionsphase eingetreten; schrumpfende Haushalte sind Planungsmaßstab; Hochschulverwaltung ist zur „Verwaltung des Mangels" geworden; Studenten bleiben aus.

Mangelnde Nachfrage nach Studienplätzen hat dazu geführt, daß Studiengänge eingestellt, Fachbereiche aufgelöst, Professoren versetzt werden. In neuerer Zeit sind Landesregierungen dazu übergegangen, ganze Hochschulen zu schließen oder zusammenzulegen. Dieses Schicksal traf zunächst einige – z. T. sehr traditionsreiche – Pädagogische Hochschulen, weil die Nachfrage nach Lehrern auf Null zurückgegangen war. Mittlerweile sind aber auch andere Hochschulen vom Planungstod bedroht.

Der „Wesentlichkeitstheorie" des Bundesverfassungsgerichtes folgend, die besagt, daß alle wesentlichen Entscheidungen des Staatshandelns von den Parlamenten selbst getroffen werden müssen, sind die Landtage dazu übergegangen, Hochschulschließungen selbst vorzunehmen und dafür die Gesetzesform zu wählen. So auch der Nordrhein-Westfälische Landtag, der im Hochschuländerungsgesetz vom 15. 3. 1988 (GVBl. 1988, S. 144) u. a. die Auflösung der Fachhochschule Hagen beschlossen hat.

Diese Hochschulorganisationsmaßnahme ist nach Meinung des Verfassers fehlerhaft. Er hat seine Rechtsauffassung in einem Gutachten dargelegt, das er auf der Grundlage des Gesetzentwurfes verfaßt hat. Die Fassung des Entwurfs ist inhaltlich im wesentlichen unverändert Gesetz geworden, nach der Reorganisation ist von der Fachhochschule Hagen nicht mehr viel übriggeblieben. Die Entscheidung des Gesetzgebers führt zu Fragen der Beurteilung der Landeshochschulplanung, zur Bewertung der Rolle und Funktion einer Hochschuleinrichtung in der Region, in der Stadt etc. Ihnen widmet sich diese Arbeit im besonderen. Sie nimmt aber auch zu den beamtenrechtlichen Fragen der Versetzung von Professoren Stellung. Schließlich bezieht sie auch die wichtigsten verfassungs- und verwaltungsprozessualen Probleme mit ein.

Das alles ist erst ein Anfang. Die tiefen Einbrüche, die die seit 1970 deutlich sinkenden Geburtenzahlen in die Zahl der Studienbewerber bewirken werden, haben in realistischer Einschätzung der Lage die Folge, daß das Hochschulwesen noch weiter konzentriert wird. Schon heute stehen Hochschulen in einem teils förderlichen, teils ruinösen Wettbewerb miteinander. Im Blick auf diese recht gut prognostizierbare Entwicklung betritt die hier vorgelegte Studie frühzeitig Neuland.

Ulrich Karpen

Inhaltsverzeichnis

A. **Einführung und Problemstellung** 9
   I. Die geplanten gesetzgeberischen Maßnahmen 9
      1. Artikel I § 1 EHSÄG 9
      2. Gründe für die gesetzgeberischen Maßnahmen 10
      3. Gegengründe der FHS Hagen 11
      4. Rechtsfragen 12
   II. Staatlicher Organisationsvorbehalt, Ausbildungs- und Wissenschaftsfreiheit 13
      1. Das HSÄG als staatliche Organisationsmaßnahme und ihre Schranken 13
      2. Ausbildungsfreiheit als Schranke der Aufhebung von Studiengängen und der Schließung einer Hochschule 13
      3. Wissenschaftsfreiheit als Lehrfreiheit als Schranke der Aufhebung von Studiengängen und der Auflösung einer Hochschule 17
      4. Wissenschaftsfreiheit als Selbstverwaltungsrecht als Schranke der Aufhebung von Studiengängen und der Auflösung der Hochschule 18
   III. Auflösung der FHS Hagen durch Gesetz 23
      1. „Wesentlichkeitstheorie" 23
      2. Maßnahme- und Einzelfallgesetz 23
      3. Planung nach dem Gegenstromprinzip 25
      4. Abwägung zwischen staatlichem Organisationsinteresse und Wissenschaftsfreiheit 27
   IV. Abwägungsfehler des Gesetzgebers und ihre verfassungsgerichtliche Überprüfung 30
   V. Der Gang der Untersuchung 32

B. **Überprüfung des EntwHSÄG auf seine Verfassungsmäßigkeit** 34
   I. Verletzung des Anhörungsgebotes? 34
      1. Die tatsächlichen Ereignisse 34
      2. Rechtsstaatliches Verfahren 35
      3. Anhörung der FHS Hagen 35
      4. Verstoß gegen den Grundsatz des hochschulfreundlichen Verhaltens? 36
   II. Inhaltliche Überprüfung des EntwHSÄG – Rechtsstaatlichkeit als Gemeinwohlprinzip, Verhältnismäßigkeit und Rechtssicherheit 38
      1. Konkretisierung des Gemeinwohls unter Beachtung des Verhältnismäßigkeitsprinzips? 39
         a) Abwägung der betroffenen Belange 39

        b) Standortplanung: FHS Hagen in Stadt und Region 40
        c) Kapazitätsplanung 45
        d) Aufgabenplanung 48
        e) Ausstattungsplanung 53
        f) Ausgleich für den Verlust der FHS Hagen durch die Fernuniversität Hagen sowie die Standorte Iserlohn, Bochum und Dortmund 55
        g) Alternative: Bildung einer Verwaltungsgemeinschaft zwischen der Fernuniversität und der FHS Hagen 57
    2. Verstoß gegen rechtsstaatliche Prinzipien der Selbstbindung des Gesetzgebers 58
        a) Systemtreue 59
        b) Plangewährleistung 61
        c) Kontinuität staatlichen Handelns 61
        d) Vertrauensschutz 63

C. Versetzung der Professoren 65
    I. Überblick 65
    II. Versetzung von Hochschullehrern 66
        1. Das Problem 66
        2. Zur Versetzung von Beamten 67
        3. Versetzung von Hochschullehrern 67
        4. Die Regelung der §§ 50 II 2 HRG, 202 II LBG 68
    III. Verfassungsmäßigkeit der §§ 50 II 2 HRG, 202 II 2 LBG 68
        1. Versetzungsrecht und Wissenschaftsfreiheit 68
        2. Recht am Amt 69
        3. Rechte der abgebenden Hochschule 70
        4. Rechte der aufnehmenden Hochschule 70
    IV. Die Tatbestandsvoraussetzungen einer Versetzung 71
    V. Sonstige Folgen der Versetzung 71

D. Möglichkeiten der gerichtlichen Überprüfung des HSÄG 73
    I. Gerichtliche Kontrolle 73
    II. Normenkontrollverfahren vor dem Verfassungsgerichtshof des Landes Nordrhein-Westfalen 73
    III. Antrag auf Erlaß einer einstweiligen Anordnung 74
    IV. Feststellungsklage vor dem Verwaltungsgericht 74
    V. Verfassungsbeschwerde zum Bundesverfassungsgericht 74

E. Zusammenfassung 76

Anlagen 79

A. Einführung und Problemstellung

I. Die geplanten gesetzgeberischen Maßnahmen

1. Artikel I § 1 EHSÄG

Die Fachhochschule Hagen umfaßt gegenwärtig 6 Fachbereiche:
- Sozialwesen
- Architektur
- Bauingenieurwesen
- Elektrotechnik

am Standort Hagen und
- Physikalische Technik
- Maschinenwesen

am Standort Iserlohn.

Insgesamt hatte sie im WS 1987/88 3.900 Studenten und 290 Mitarbeiter des wissenschaftlichen und nichtwissenschaftlichen Personals.

Artikel I § 1 des Entwurfes eines Gesetzes über Änderungen im Hochschulbereich (EHSÄG) vom 23. 11. 1987 (LTDrS 10/2599) sieht vor, die FHS Hagen aufzuheben. Die Abteilung Iserlohn soll Abteilung der FHS Dortmund werden. Der FB Elektronik der FHS Hagen soll Fachbereich der Abteilung Iserlohn der FHS Dortmund werden. Die Abteilung Iserlohn FHS Dortmund soll den Namen „Märkische Fachhochschule" erhalten.

Die Studiengänge Architektur, Bauingenieurwesen, Sozialarbeit und Sozialpädagogik der FHS Hagen sollen zum 1. 4. 1992 aufgehoben werden. Bis zu diesem Zeitpunkt sollen die Studiengänge Architektur und Bauingenieurwesen in Hagen als Studiengänge der Fachbereiche Architektur und Bauingenieurwesen der FHS Bochum, die Studiengänge Sozialarbeit und Sozialpädagogik in Hagen als Studiengänge der Fachbereiche Sozialarbeit und Sozialpädagogik der FHS Dortmund angeboten werden. Einschreibungen für diese Studiengänge sollen mit dem Inkrafttreten des HSÄG am 1. 4. 1988 nicht mehr erfolgen. Die Studiengänge Elektrotechnik, Korrosionsschutztechnik, Physikalische Technik,

Produktionstechnik und Maschinenbau der FHS Hagen sollen Studiengänge der Abteilung Iserlohn der FHS Dortmund werden.

Die den Fachbereichen Architektur oder Bauingenieurwesen der FHS Hagen zugeordneten Beamten sollen Beamte in den Fachbereichen Architektur und Bauingenieurwesen der FHS Bochum werden. Die übrigen in der FHS Hagen tätigen Beamten sollen Beamte in der FHS Dortmund werden. Angestellte und Arbeiter sollen auf ihren Antrag in die FHS Bochum oder Dortmund übernommen werden. Studenten, die für die Studiengänge Architektur oder Bauingenieurwesen der FHS Hagen eingeschrieben sind, sollen Mitglieder der FHS Bochum werden. Studenten, die für einen sonstigen Studiengang der FHS Hagen eingeschrieben sind, sollen Mitglieder der FHS Dortmund werden.

Zum 1. 4. 1988 soll die Amtszeit des Rektors der FHS Hagen enden. Die Organe, Gremien und Funktionsträger der Abteilung Iserlohn der FHS Hagen sollen Organe, Gremien und Funktionsträger der FHS Dortmund werden. Die Studien- und Prüfungsordnungen der Studiengänge Architektur und Bauingenieurwesen der FHS Hagen sollen als Recht der FHS Bochum übergangsweise fortgelten. Die sonstigen Studien- und Prüfungsordnungen sowie die Satzungen und Ordnungen der Abteilung Iserlohn der FHS Hagen sollen übergangsweise als Recht der FHS Dortmund fortgelten.

2. Gründe für die gesetzgeberischen Maßnahmen

Für die Schließung der FHS Hagen werden seitens des Landes Nordrhein-Westfalen hochschulpolitische, arbeitsmarktpolitische, regionalpolitische und haushaltspolitische Gründe geltend gemacht.

Das Hochschulwesen müsse bedarfsgerecht verkleinert werden. Der Bedarf an Architekten, Bauingenieuren, Sozialarbeitern und Sozialpädagogen sei zurückgegangen[1]. Letztlich seien demographische Gründe – eine zurückgehende Nachfrage nach Studienplätzen im allgemeinen und besonders am Standort Hagen – für die Reduzierung der Kapazität ausschlaggebend[2]. Die FHS Hagen sei am Standort Hagen mit dem gegenwärtigen Fächerspektrum auf weitere Sicht nicht lebensfähig[3].

---

[1] Entwurfsbegründung, LTDrS 10/2599, S. 13.

[2] Perspektiven der Hochschulentwicklung des Ministers für Wissenschaft und Forschung (MWF) vom 5. 11. 1986; Perspektiven der Hochschulentwicklung,

Das Hochschulwesen müsse konzentriert werden; es dürfe keine Doppelangebote von Studiengängen an nahe beieinanderliegenden Hochschulen geben. Der Einzugsbereich der FHS Hagen, insbesondere die Fachbereiche Sozialwesen, Architektur und Bauingenieurwesen, überschneiden sich mit den Bereichen der Fachhochschulen Bochum und Dortmund. Gerade diese Hochschulen seien sehr überlastet und würden durch die Personalergänzung seitens der aufgelösten Hagener Fachbereiche gewinnen[4]. Der Regionalbezug der FHS Hagen gehe in erster Linie von den Fachbereichen Elektrotechnik, Physikalische Technik und Maschinenwesen aus. Die Flächen des Standortes Hagen der FHS Hagen würden für Einrichtungen der Fernuniversität Hagen benötigt. Bei einer Fortführung der FHS Hagen in allen Fachbereichen seien Investitionsaufwendungen bis zur Höhe von 8 Mio. DM (vorwiegend für die Fachbereiche Architektur und Bauingenieurwesen) erforderlich. Wiederholt weist das Land auf die Sparzwänge und die Notwendigkeit des Personalabbaus hin[5].

3. Gegengründe der FHS Hagen

Die FHS Hagen setzt sich für ihren Erhalt ein. Sie macht geltend, daß die Nachfrage auch am Standort Hagen (wieder) steige[6]. Unter Bezugnahme auf Stellungnahmen der Stadt Hagen, des Märkischen Kreises, der Südwestfälischen Industrie- und Handelskammer zu Hagen sowie anderer Institutionen der Region betont sie die regionale Bedeutung aller Fachbereiche. Die FHS Hagen sei ein wesentlicher Faktor der regionalen Infrastruktur[7]. Diese regionale Funktion der FHS Hagen könne weder durch die Fernuniversität Hagen noch durch die Fachhochschulen Bochum und Dortmund (einschließlich des Standortes Iserlohn) wahrgenommen werden.

Grundsatzentscheidungen, Unterlagen der Kabinettsberatung vom 26. 6. 1987; Begründung des Entwurfs, LTDrS 10/2599, S. 13.
[3] Perspektiven der Hochschulentwicklung mit Erläuterung der demographischen Daten vom 31. 10. 1986; Perspektiven vom 5. 11. 1986.
[4] Perspektiven der Hochschulentwicklung vom 5. 11. 1986.
[5] Perspektiven der Hochschulentwicklung, Kabinettsfassung, S. 90 ff.; Parlamentseinbringungsrede des MWF vom 3. 12. 1987, S. 18.
[6] Senatsstellungnahme zum EHSÄG, S. 2 ff.
[7] Senatsstellungnahme zum EHSÄG.

Auch habe die FHS Hagen konkrete Pläne für Ausbau und Entwicklung in Forschung, Lehre und Dienstleistung ausgearbeitet und zum Teil bereits verwirklicht[8]. Auch habe sie konkrete Vorschläge für die zukünftige Struktur der FHS Hagen gemacht, die notwendige Sparmaßnahmen berücksichtigten. So sollten die Studiengänge Architektur und Bauingenieurwesen einen neuen organisatorischen Rahmen erhalten. Dadurch werde eine Mindestausstattung und Personal gesichert. Die Studiengänge des FB Sozialwesen nähmen auch solche Ausbildungsinhalte auf, die den Absolventen neue Berufsfelder im Bereich der Wirtschaft eröffneten. Die Fachbereiche Elektrotechnik, Physikalische Technik und Maschinenwesen richteten zentrale wissenschaftliche Einrichtungen und interdisziplinäre Forschungsschwerpunkte ein[9].

Nicht zuletzt weist die FHS Hagen darauf hin, daß ein Teil der von der Landesregierung prognostizierten Probleme für den Standort Hagen durch die Schließung der Fachbereiche Maschinenbau und Wirtschaft in Hagen im Jahre 1982 herbeigeführt worden sei.

4. Rechtsfragen

Die FHS Hagen wird durch das HSÄG wirksam aufgelöst werden, wenn dieses Gesetz wirksam zustande gekommen sein wird und inhaltlich fehlerfrei ist. Es ist Aufgabe dieses Rechtsgutachtens, den Entwurf in beiderlei Hinsicht – Verfahren und Inhalt – zu überprüfen. Der Entwurf bedarf der Überprüfung im Hinblick auf den verfassungsrechtlichen Stellenwert der Ausbildungsfreiheit der Studenten der FHS Hagen (Art. 4 Verf NRW i. V. m. Art. 12 GG) und der Wissenschaftsfreiheit der Hochschullehrer der FHS Hagen sowie der Körperschaft FHS Hagen (Art. 4 Verf NRW i. V. m. Art. 5 III GG; Art. 16 Verf NRW, Art. 4 Verf NRW i. V. m. Art. 5 III GG).

Bedenken bestehen in verfahrensmäßiger Hinsicht dahingehend, ob die FHS Hagen am Gesetzgebungsverfahren in hinreichender Weise beteiligt worden ist. Inhaltlich stellt sich die Frage, ob das Gesetz – wenn es zustande kommt – mit dem Rechtsstaatsprinzip (Art. 20 I GG) in

---

[8] Perspektiven für die Entwicklung der FHS Hagen, Stellungnahme des Rektors vom 24. 2. 1987; Senatsstellungnahme zum EHSÄG; Dokumentation des FB Bauingenieurwesen vom Mai 1987; Denkschrift zur Sozialarbeiter-/Sozialpädagogenausbildung des FB Sozialwesen vom Dezember 1987.

[9] Stellungnahme des Rektors vom 24. 2. 1987, S. 5.

Gestalt richtiger Gemeinwohlkonkretisierung unter Beachtung des Verhältnismäßigkeitsprinzips (Art. 2 I, Art. 20 I GG) sowie in Gestalt der Rechtssicherheit vereinbar ist. Die Konsequenz einer eventuellen Verfassungswidrigkeit des HSÄG wäre die vom Verfassungsgerichtshof für das Land Nordrhein-Westfalen festzustellende Nichtigkeit des Gesetzes.

II. Staatlicher Organisationsvorbehalt, Ausbildungs- und Wissenschaftsfreiheit

1. Das HSÄG als staatliche Organisationsmaßnahme und ihre Schranken

Das HSÄG ist ein staatlicher Organisationsakt im Hinblick auf die Gestaltung des Hochschulwesens in der Form eines Gesetzes. Es handelt sich um eine nachfrage-, aber auch bedarfsgeleitete Maßnahme der Kapazitätsplanung. Das Land ist Träger der Hochschulen. Als solcher hat es die Kompetenz, Hochschulen als Körperschaften zu errichten und zu schließen. Es gehört auch grundsätzlich zum sozialstaatlichen Gestaltungsspielraum bei Gründungs- und Beendigungsentscheidungen hochschul-, arbeitsmarkt-, regional- und haushaltspolitische Gründe zu berücksichtigen. Allerdings ist die staatliche Organisationshoheit nicht unbegrenzt. Eine insbesondere bedarfsgesteuerte Hochschulauflösung – wie im vorliegenden Falle – steht im Schnittpunkt von Ausbildungs- und Wissenschaftsfreiheit.

2. Ausbildungsfreiheit als Schranke der Aufhebung von Studiengängen und der Schließung einer Hochschule

Die Aufhebung von Studiengängen kann in dreifacher Weise in das Recht der Studienbewerber und Studenten auf freie Wahl der Ausbildungsstätte des Art. 12 GG eingreifen:

– sie können ihre Ausbildung nicht bei allen Professoren des Fachs ihrer Wahl absolvieren, sondern sind auf die Professoren an den von der Schließung nicht betroffenen Hochschulorten beschränkt;

– von der Konzentration der Ausbildung zu bestimmten Berufen an einigen Standorten kann eine berufslenkende, weil abschreckende Wirkung auf die Aufnahme des Studiums der betroffenen Fächer ausgehen;

— schließlich kann die Aufhebung von Studiengängen dazu führen, daß insgesamt weniger Studienplätze für die betroffenen Fachrichtungen zur Verfügung stehen als von der Zahl der Bewerber her Nachfrage besteht[10].

Das zuerst genannte Argument kann für die Schließung der FHS Hagen, insbesondere die Aufhebung der Studiengänge Sozialarbeit, Sozialpädagogik, Bauingenieurwesen und Architektur nicht herangezogen werden; denn die Übergangszeit bis 1992 erlaubt es den Studenten, in ihrem Fachbereich bei ihren Professoren — wenn auch in veränderter korporativer Zuordnung — ihr Studium abzuschließen. Das zweite und dritte Argument bedürfen hingegen näherer Prüfung: tatsächlich beabsichtigt die Landesregierung, nicht zuletzt mit der Aufhebung der genannten Studiengänge, ein „abschreckendes" Signal zu geben, und es wird auch weiterhin Bewerber geben, welche die genannten Studiengänge in Hagen studieren möchten, nach Schließung der FHS Hagen aber auf Bochum und Dortmund verwiesen sind. Letztlich geht es um die Frage, ob das Land durch die Einstellung von Studiengängen und die Auflösung einer Hochschule die Ausbildung nach Maßgabe des von ihm prognostizierten Bedarfs lenken darf.

Während das Bundesverfassungsgericht die Umwidmung von Lehrstühlen für zulässig gehalten hat[11], fehlt es nach Ansicht des Gerichts an einer verfassungsrechtlichen Legitimation für eine bedarfsgeleitete Kapazitätsplanung, die ein Überangebot bestimmter Arbeitskräfte ausschließlich im Wege der Ausbildungsverweigerung verhindern will[12].

Beschränkungen bei der Zulassung zur Ausbildung dürfen nicht der Berufslenkung dienen. Der Bedarf an Hochschulabsolventen ist kein „überragend wichtiges Gemeinschaftsgut"[13], das im Sinne eines objektiven Hindernisses den Zugang zur Berufswahl und -ausbildung versperren dürfte. Zu Recht erklärten daher der VGH Baden-Württemberg[14]

---

[10] *Alexander von Brünneck*, Abbau und Umwidmung von Ausbildungskapazität, Deutsches Verwaltungsblatt, 1984, S. 993 – 1004 (996); *Ulrich Karpen*, Abbau von Hochschulkapazitäten, Rechtsfolgen der Einstellung von Studiengängen, Stuttgart 1987, S. 14 f.

[11] E 43, 291 (327); vgl. auch *Bode*, in: Dallinger/Bode/Dellian, Hochschulrahmengesetz, 1978, § 29, Rn. 12.

[12] BVerfGE 33, 303 (330).

[13] BVerfGE 7, 377.

[14] Die Öffentliche Verwaltung, 1983, S. 555.

II. Staatlicher Organisationsvorbehalt

und der Bayerische VGH[15] in zwei Normenkontrollbeschlüssen gemäß § 47 I 2 VwGO Zulassungsregelungen für rechtswidrig, die aus Gründen der Berufslenkung die Studienmöglichkeiten für Lehramtsbewerber zugunsten anderer Studiengänge einschränken wollten. Wie der VGH Baden-Württemberg treffend formulierte, ist der Staat bei freier Ausbildungskapazität nicht zu einer am Bedarf orientierten Ausweisung von Studienplätzen berechtigt[16], denn er ist nicht befugt, „eine unter Inkaufnahme des Arbeitsplatzrisikos vorgenommene Wahl des Studiums objektiv zu beschränken und damit die Freiheit zur eigenverantwortlichen risikobehafteten Selbstbestimmung und die spätere Teilnahme am Wettbewerb mit anderen Berufsbewerbern um freie Berufsplätze einzuschränken"[17].

Gilt dieses Verdikt nun auch gegenüber einer Kapazitätssteuerung durch die Auflösung einzelner oder – wie hier – einer einzelnen Hochschule[18]?

Der Staatsgerichtshof Baden-Württemberg hat die Frage in einer Entscheidung vom 28. 8. 1981 – Schließung der Pädagogischen Hochschulen Esslingen und Lörrach – verneint[19]. Auch wenn es sich dabei um eine Maßnahme der Bedarfslenkung gehandelt habe, so verstößt die Maßnahme nach Auffassung des Gerichts nicht gegen Art. 12 GG: „Die Zulassung zur Lehrerausbildung wird durch die Auflösung der Hochschulen nicht beschränkt, da in den verbleibenden Hochschulen genügend Studienplätze zur Verfügung stehen werden. Daß für die Verminderung der Zahl der PH-Studienplätze durch Auflösung zweier Pädagogischer Hochschulen auch und sogar vorwiegend der Gesichtspunkt des voraussichtlichen Lehrerbedarfs maßgebend war und ist, macht diese Maßnahme nicht zu einer verfassungsrechtlich unzulässigen Berufslenkung[20]".

Dieses Ergebnis stimmt letztlich auch mit der Rechtsprechung des Bundesverfassungsgerichtes überein. In seinem Beschluß vom 26. 6. 1979

---

[15] Wissenschaftsrecht 1984, S. 170.
[16] DÖV 1983, 555 (558).
[17] DÖV 1983, 555 (558).
[18] *Rainer Pitschas*, Ausbildungslenkung durch Hochschulauflösung? in: Wissenschaftsrecht, Bd. 15 (1982), S. 229–259.
[19] DÖV 1981, 963 (965 f.).
[20] DÖV 1981, 963 (966).

– die Auflösung der Pädagogischen Hochschule Saarland betreffend – stellt das Gericht fest, das Land dürfe eine Hochschule aus sachlich vertretbaren Gründen schließen; zu diesen seien auch Bedarfsüberlegungen zu zählen. Im Hinblick darauf formuliert das Gericht, daß die Auflösung „einerseits durch die Neugestaltung der Lehrerausbildung im Saarland auf der Grundlage des Saarländischen Lehrerbildungsgesetzes ... bedingt (war) und andererseits einer abzusehenden Veränderung des Ausbildungsbedarfs Rechnung tragen sollte"[21].

In seiner früher liegenden ersten Numerus-Clausus-Entscheidung[22] konzediert das Gericht trotz des Lenkungsverbotes, daß „die planmäßige Verteilung der Bewerber auf verschiedene Ausbildungsstätten unvermeidbar" werden könnte. Dementsprechend führt das Gericht zu politischen Entscheidungen über den Hochschulausbau aus, daß „eine ausschließliche Ausrichtung an den ohnehin schwierigen Bedarfsermittlungen"[23] unter Lenkungsgesichtspunkten ausscheide. Daraus ist aber andererseits zu entnehmen, daß der Staat sein Handeln mehr als nur punktuell „an erkennbaren Tendenzen" des allgemeinen Bedarfs an Studienplätzen ausrichten darf[24]. Dies wird zudem durch die Aussage des Gerichts untermauert, daß „es dem Gesetzgeber ... nicht verwehrt" sein kann, sich auch am vordringlichen Kräftebedarf für die verschiedenen Berufe zu orientieren, sofern es nicht gelingt, individuelle Nachfrage und gesellschaftlichen Bedarf durch das Mittel der Studienberatung zur Deckung zu bringen[25].

Kapazitätssteuerung als ausgleichende Optimierung zwischen Nachfrage und voraussehbarer Bedarfsentwicklung, ohne in eine direkte und positive Berufslenkung zu verfallen, ist also der Tenor bundesverfassungsgerichtlicher Ausdeutung der Berufsfreiheitsgarantie. Zu dem insoweit zulässigen hochschulpolitischen Arsenal dürfte auch der Abbau von Studienplatzkapazitäten gehören, zumal dann, wenn – wie hier – in erreichbarer Entfernung Studienplätze zur Verfügung stehen. Der Staat ist nicht verpflichtet, für jeden Bewerber an jedem Ort zu jeder Zeit den gewünschten Studienplatz vorzuhalten[26].

---

[21] BVerfGE 51, 369 (382).
[22] BVerfGE 33, 303 (329).
[23] E 33, 303 (334).
[24] *Oppermann*, Verhandlungen des 51. Deutschen Juristentages, Bd. I, Gutachten, Teil C, 1976, S. C 91.
[25] E 33, 303 (335).

II. Staatlicher Organisationsvorbehalt 17

Letztlich läßt sich ein tunlichst gering zu haltendes Minimum an Bedarfsgesichtspunkten bei der Planung mit einem Argumentum ad absurdum rechtfertigen: es setzt jeder Freiheit und Freiheitsgarantie eine Grenze. Würden tatsächlich in Zukunft bestimmte Berufe von übermäßig vielen Studenten als Ausbildungsziel gewünscht und würde tatsächlich ein Notstand eintreten, weil notwendige Berufe nicht ausgeübt und ausgeübte nicht gebraucht werden, so gäbe es wohl kein Ausweichen vor staatlichem Dirigismus[27].

3. Wissenschaftsfreiheit als Lehrfreiheit als Schranke der Aufhebung von Studiengängen und der Auflösung einer Hochschule

Die Aufhebung von Studiengängen kann nachhaltig in die Lehrfreiheit (Art. 5 III GG) eingreifen, wenn den Professoren ihre Hörer entzogen werden oder sie nicht mehr die Inhalte vermitteln können, für die sie sich im Hinblick auf ihre bisherige Aufgabe besonders qualifiziert haben[28].

Soweit es jedoch die beabsichtigte Auflösung der FHS Hagen angeht, behalten deren Professoren für eine Übergangszeit bis 1992 noch ihre Studenten bis zum Auslaufen deren Studiums. Danach werden sie an den benachbarten Standorten Bochum und Dortmund vergleichbare Arbeitsmöglichkeiten in vergleichbaren Studiengängen vorfinden. Ob und unter welchen Voraussetzungen die Hochschullehrer der FHS Hagen den Lehrkörpern der Fachhochschulen Bochum und Dortmund inkorporiert werden können, wird noch (unter C) zu prüfen sein. Abgesehen von diesen statusrechtlichen Erwägungen kann aber davon ausgegangen werden, daß ihre Lehrmöglichkeiten in Bochum und Dortmund nicht beeinträchtigt sein werden.

---

[26] *Pitschas* (o. Fn. 18), S. 246; *Seidler*, JuS 1976, 700 (702); *Franzke*, ZRP 1977, 246 (249); *Karpen*, Abbau (o. Fn. 10), S. 17; ders., Hochschulplanung und Grundgesetz, Paderborn 1987, Bd. II, S. 564 f. (610).

[27] *Doehring*, Staatsrecht der Bundesrepublik Deutschland, 2. Aufl., Frankfurt 1980, S. 342 und 343 mit Fn. 12.

[28] *Von Brünneck*, (o. Fn. 10), DÖV 1984, S. 995; *Henning Zwirner*, Zum Grundrecht der Wissenschaftsfreiheit, AöR 98 (1973), S. 313 – 339 (317/8).

4. Wissenschaftsfreiheit als Selbstverwaltungsrecht als Schranke der Aufhebung von Studiengängen und der Auflösung der Hochschule

Fraglich ist, ob die Auflösung der FHS Hagen gegen die Wissenschaftsfreiheitsgarantie in Gestalt des Selbstverwaltungsrechtes der Hochschule als Körperschaft des öffentlichen Rechts verstößt. Das wäre der Fall, wenn Art. 16 LdVerf NRW und Art. 5 III GG ein „Grundrecht der Hochschule", eine institutionelle Garantie der Hochschule generell und jeder einzelnen Hochschule enthielten und dies nicht nur als Typen mit unter Umständen wechselndem Bestand und in sich wandelnder organisatorischer Form, sondern in ihrer jeweils konkret-traditionalen Ausformung. Dann müßte die Beendigung der Körperschaftsqualität einen Einbruch in das Wissenschaftsgrundrecht bedeuten.

Für die viel umstrittene Auslegung des Art. 5 III GG ist folgendes vorauszuschicken[29]:

Wie alle Grundrechte wurde die Freiheit von Forschung und Lehre zunächst als individuelles, staatsgerichtetes Abwehrrecht verstanden[30]. Die Entwicklung der Verfassungsinterpretation führte sodann in mehreren Schritten hin zur institutionellen Garantie, d. h. zur objektiv-rechtlichen Garantie einer freien, eigenständigen Wissenschaft[31], zur Entfaltung einer wertentscheidenden Grundsatznorm für die Wissenschaft und damit notwendigerweise auch zur Autonomie für die Einrichtungen, die den gesellschaftlichen Auftrag einer freien Wissenschaft erfüllen.

Wissenschaftsfreiheit ist – auch nach dem Wortlaut von Art. 5 III GG – zunächst als Funktionsgrundrecht zu verstehen[32]. Wissenschaft als objektiv-geistiger Prozeß kann sich in seiner Eigengesetzlichkeit nur staatsfrei entfalten[33].

In diesem Verständnis eignet sich Art. 5 III GG wenig für die Kontrolle der Verfassungsmäßigkeit der Schließung der FHS Hagen, denn diese ist

---

[29] Dazu *Karpen*, Abbau (o. Fn. 10), S. 18 f.

[30] *Karpen*, Wissenschaftsfreiheit und Hochschulfinanzierung, Überlegungen zu einem effektiven Mitteleinsatz, Berlin 1983, S. 14 f.

[31] BVerfGE 35, 79 (112), E 35, 30 (57).

[32] *Hailbronner*, Die Freiheit der Forschung und Lehre als Funktionsgrundrecht, Hamburg 1979, S. 65, 73 ff.

[33] *Kimminich*, Hochschule im Grundrechtssystem, in: Flämig (Hrsg.), Handbuch des Wissenschaftsrechts, Bd. I, Berlin 1982, S. 56 – 90 (63).

II. Staatlicher Organisationsvorbehalt

Teil einer landesweiten Konzentrationsmaßnahme; sie hat den Charakter einer Auswahlentscheidung. Bei der Auswahl geben wissenschaftsimmanente Kriterien nichts dafür her, ob und gegebenenfalls welche Studiengänge reduziert und konzentriert werden sollen. Der Inhalt der Lehre wird nicht berührt[34]. Wissenschaft wird immer durch einzelne betrieben. Wissenschaftsfreiheit gibt jedem, der in Forschung und Lehre tätig ist oder werden will, ein individuelles Abwehrrecht gegen die staatliche Beeinträchtigung seiner wissenschaftlichen Betätigung[35]. Daß der einzelne Professor der FHS Hagen in Bezug auf den Inhalt seiner Lehre nicht beeinträchtigt wird, ist bereits (unter 3.) dargelegt worden. Zur statusrechtlichen Frage der Inkorporierung in eine andere Hochschule wird (unter C) noch Stellung zu nehmen sein.

Schließlich ist die Gewährleistung der Freiheit von Forschung und Lehre eine institutionelle Garantie für den Bestandszusammenhang der Wissenschaftspflege, insbesondere für die Institutionen, in denen sie verfaßt ist, nämlich die Universitäten und Hochschulen[36]. Unbeschadet staatlicher Einflußnahme war für die deutsche Hochschule stets – wenn auch nach Ort und Zeit verschieden ausgeprägt – eine gewisse Distanz zum Staat kennzeichnend, die ihren Ausdruck insbesondere in ihrer Ausgliederung aus der unmittelbaren Staatsverwaltung und in der weitgehenden Selbstverwaltung durch ihre Mitglieder findet[37]. Das Bundesverfassungsgericht hat es bisher allerdings dahinstehen lassen, ob der Hochschule als solcher durch Art. 5 III GG ein Recht auf Wissenschaftsfreiheit insbesondere im Hinblick auf die akademische Selbstverwaltung gewährleistet ist[38]. Art. 16 LdVerf NRW gibt den Hochschulen „das Recht auf eine ihrem besonderen Charakter" entsprechende Selbstverwaltung im Rahmen der Gesetze.

Zum unerläßlichen Bestand der Selbstverwaltung gehören die „inneren" Angelegenheiten, also die Materien, die unmittelbar mit Forschung

---

[34] OVG Münster, Beschluß vom 16. 3. 1984 (5 B 1975/83).
[35] BVerfGE 15, 256 (263); E 35, 79 (112); BVerfG in EuGRZ 1979, 477.
[36] Art. 16 LdVerf NRW; *Smend*, Das Recht der freien Meinungsäußerung, VVDStRl 4 (1928), S. 44 – 76 (56); *Scholz*, in: Maunz/Dürig/Herzog/Scholz, Grundgesetz, Kommentar, München (Stand 1987), Art. 5 III, Rn. 134; *Karpen*, Wissenschaftsfreiheit (o. Fn. 30), S. 15; *Pitschas* (o. Fn. 18), S. 253; *Schulz/Prießnitz*, Einheit von Forschung und Lehre, Berlin 1981, S. 122 f.
[37] BVerfGE 35, 79 (116); *Wolff/Bachof/Stober*, Verwaltungsrecht, Bd. II, 5. Aufl., München 1987, § 93 III.
[38] E 15, 256 (264); 35, 79 (116); 51, 369 (381).

und Lehre zusammenhängen, die „akademischen" Angelegenheiten. Die „äußeren" Angelegenheiten – Organisation, Finanzen, Personal – gehören traditionell zum staatlichen Bereich, werden vom Staat wahrgenommen und verantwortet. Diese Aufteilung der Aufgaben – hier akademische Selbstverwaltungsaufgaben, dort nichtakademische Staatsangelegenheiten – läßt sich allerdings nicht trennscharf durchführen[39]. In Wirklichkeit sind die Einflußbereiche von staatlicher Gesetzgebung und Verwaltung und Hochschulsatzungsautonomie wie -selbstverwaltung nach Aufgaben, Formen des Zusammenwirkens und inhaltlicher Bindung ineinandergeschoben.

Zunächst zu den Aufgaben:

- Der Kernbereich wissenschaftlicher Freiheit umfaßt „vor allem die auf wissenschaftlicher Eigengesetzlichkeit beruhenden Prozesse, Verhaltensweisen und Entscheidungen bei der Auffindung von Erkenntnissen, ihrer Deutung und Weitergabe". Die Hochschule hat sie allein zu verantworten[40].

- Um den Kernbereich lagert sich ein Kreis wissenschaftsbezogener Aufgaben, die gemeinsamer Gegenstand (hochschulischen) Wissenschafts- und (staatlichen) Verwaltungsinteresses sind. Hier geht die Verantwortung in Richtung auf ein prinzipielles Zusammenwirken von Staat und Hochschule[41].

- Letztlich gibt es einen peripheren Bereich, in dem die Hochschule ihre vom Staat übertragene Aufgabe wahrnimmt. Sie wird hier allerdings nicht als Staatsorgan tätig, sondern durch eine akademische und nichtakademische Angelegenheiten zusammenfassende Einheitsverwaltung (§ 2 FHSG)[42].

---

[39] *Karpen*, Abbau (o. Fn. 10), S. 22.

[40] BVerfGE 35, 79 (112 ff., 122); vgl. § 71 FHSG NW (Selbstverwaltung), § 56 (Studienordnung und Studienplan), § 64 (Forschungs- und Entwicklungsschwerpunkte).

[41] § 73 FHSG, hierzu gehören etwa die Errichtung, Änderung und Aufhebung von Fachbereichen und Einrichtungen, die Einführung, Änderung und Aufhebung von Studiengängen (§ 73 II FHSG); aber auch die Berufung von Professoren [dazu *Reinhardt*, Autonomie, Selbstverwaltung, Staatsverwaltung in der Universität, WissR 1 (1968), S. 6 (7)].

[42] § 72 FHSG, hierzu gehören etwa die Haushalts- und Wirtschaftsangelegenheiten, die Ermittlung der Ausbildungskapazität und die Festsetzung der Zulassungszahlen. [Hierzu auch *Lorenz*, Die Rechtsstellung der Universität gegenüber staatlicher Bestimmung, WissR 11 (1978), S. 1 (11)].

II. Staatlicher Organisationsvorbehalt

Blickt man auf die Träger der Verwaltungsverantwortung, so gibt es

- Bereiche, in denen die Entscheidungskompetenz der Hochschule überwiegt, der Staat allerdings beteiligt ist, sei es im Wege der Staatsaufsicht, sei es im Sinne sanktionierender, nicht kontrollierender Entscheidungsmitwirkung;
- Bereiche, in denen die staatliche Entscheidung überwiegt und die Hochschule beteiligt ist, sei es im Sinne echter Entscheidungsmitwirkung, sei es im Sinne der Verfahrensbeteiligung.

Letztlich sind zahlreiche Aufgaben nur durch enges Zusammenwirken von Staat und Hochschule zu bewältigen.

Es zeigt sich also, daß Hochschulverwaltung ein „Kondominium" von Hochschule und Staat ist. Daraus ergeben sich einige inhaltliche Bindungen. So ist:

- die Grundrechtsausgestaltung und -begrenzung Aufgabe des Gesetzgebers;
- bei Handlungen gegenüber der Hochschule das Verhältnismäßigkeitsprinzip zu beachten;
- ferner der Grundsatz „hochschulfreundlichen Verhaltens" eine wichtige Ausprägung der Wissenschaftsfreiheit und des kulturstaatlichen Schutzauftrages[43].

Organisation und Finanzen gehören zu dem äußersten, wissenschaftsfernsten Kreis der Hochschulaufgaben, der primär in staatlicher Verantwortung liegt, die Personalfragen zum Bereich gemeinschaftlicher Verwaltung[44]. „Der Staat hat die Pflege der freien Wissenschaft und ihrer Vermittlung an die nachfolgende Generation durch Bereitstellung von personellen, finanziellen und organisatorischen Mitteln zu ermöglichen und zu fördern. Das bedeutet, daß er funktionsfähige Institutionen für einen freien Wissenschaftsbetrieb zur Verfügung zu stellen hat"[45].

Nach § 2 I FHSG sind die Fachhochschulen Körperschaften des öffentlichen Rechts und zugleich Einrichtungen des Landes. Es gehört zu den dem Staat vorbehaltenen Hoheitsrechten, rechtsfähige Körperschaften ins Leben zu rufen und ihre Existenz zu beenden. Es gibt also einen

---
[43] *Karpen*, Abbau (o. Fn. 10), S. 22 f.
[44] *Karpen*, Wissenschaftsfreiheit (o. Fn. 30), S. 24 f.
[45] BVerfGE 35, 79 (124).

grundrechtsgebundenen staatlichen Organisationsvorbehalt im Außen- und Innenbereich, als Vorbehalt der Organisation des Hochschulwesens und der einzelnen Hochschule. Staatliche Organisationsakte im Hochschulbereich – Neugründungen, (Teil-)Schließungen, Aufgabenerweiterungen, -verkürzungen – sind zulässig, wenn sie den Typus der Hochschule und die jeweilige konkret-traditionale Ausformung wahren, wenn sie sachlich begründet und im zusammenhängenden System der Hochschulen des jeweiligen Bundeslandes objektiv vertretbar sind[46].

Da Art. 16 LdVerf NRW eine institutionelle Garantie der Hochschule enthält, muß bei Organisationsmaßnahmen größeren Stils – etwa Aufhebungen – mindestens eine Hochschule im Lande erhalten bleiben. Institutionelle Garantie bedeutet nicht Bestandsschutz für die einzelne Hochschule, so daß etwa die Zusammenlegung von kleinen und schlecht ausgestatteten Hochschulen möglich ist[47]. Allerdings hat sich jede staatliche Organisationsmaßnahme im Hochschulbereich daran zu orientieren, ob sie aus Gründen des übergeordneten Gemeinwohls geboten ist. In diesem Prinzip sowie im Übermaßverbot (Beachtung des Verhältnismäßigkeitsprinzips)[48] findet sie ihre verfassungsmäßige Begrenzung. Das bedeutet, daß eine Organisationsmaßnahme, die eine Hochschule schließt, nur unter ausreichender Berücksichtigung der für ihre Erhaltung sprechenden Gründe zulässig ist, was – verfahrensmäßig gewendet – voraussetzt, daß die Hochschule ausreichend angehört wird. Im hier zu beurteilenden Falle spricht dafür noch ein argumentum a minore ad maius. Nach § 73 II 1 FHSG erfolgt die Errichtung, Änderung, Aufhebung von Fachbereichen im Zusammenwirken von Land und Hochschule; nach § 17 I 5 FHSG ist es primär Aufgabe des Senats, über die Aufhebung von Fachbereichen zu beschließen. Wenn – wie im Falle der FHS Hagen – nicht nur drei Fachbereiche eingestellt werden, sondern zugleich die Hochschule eingezogen wird, ist aus dem kondominalen Charakter der Maßnahme zu folgern, daß die Hochschule nicht nur angehört werden muß, sondern daß die Gründe des öffentlichen Wohls (Gemeinwohlprinzip des Rechtsstaates) unter Beachtung der Rechtssicherheit den für die Erhal-

---

[46] StGH BW DÖV 1981, 694 (695).

[47] StGH BW DÖV 1981, S. 964; *Scholz*, in: Maunz/Dürig/Herzog/Scholz (o. Fn. 36), Art. 5 III, Rn. 170; *Pitschas* (o. Fn. 18), S. 254; *Karpen*, Abbau (o. Fn. 10), S. 23; *von Brünneck* (o. Fn. 10), S. 1001; *Stern/Bethge*, Anatomie eines Neugliederungsverfahrens, München 1977, S. 3 f. Zu der ähnlich gelagerten Frage der Garantie der kommunalen Selbstverwaltung im Neugliederungsverfahren.

[48] *Stern/Bethge* (o. Fn. 47), S. 4 m. w. N.

tung der Hochschule sprechenden Gründen offensichtlich überlegen sein müssen. Ob das der Fall ist, wird noch im einzelnen zu prüfen sein.

III. Auflösung der FHS Hagen durch Gesetz

1. „Wesentlichkeitstheorie"

Da die Aufhebung der Studiengänge und die Auflösung der FHS Hagen die Grundrechte der Art. 12 und 5 III GG berühren, bedürfen sie nach der Rechtsprechung des Bundesverfassungsgerichtes zum Vorbehalt des Gesetzes einer gesetzlichen Grundlage. Im „Kalkar"-Beschluß[49] hat das Gericht ausgeführt: „Heute ist es ständige Rechtsprechung, daß der Gesetzgeber verpflichtet ist – losgelöst vom Merkmal des ‚Eingriffs' –, in den grundlegenden normativen Bereichen der Grundrechtsausübung, soweit diese staatlicher Regelung zugänglich sind, alle wesentlichen Entscheidungen selbst zu treffen".

2. Maßnahme- und Einzelfallgesetz

Das HSÄG könnte allerdings in Bezug auf Artikel I § 1 ein verfassungswidriges Maßnahme- und Einzelfallgesetz sein. Das Verbot des Einzelfallgesetzes (Art. 19 I 1 GG) dient der Rechtssicherheit[50]. Der Begriff des Maßnahmegesetzes nimmt Bezug auf die Doktrin der konstitutionellen Demokratie des 19. Jahrhunderts, in der die Gewaltenteilung eine andere Ausprägung hatte als in der parlamentarischen Demokratie des Grundgesetzes[51]. Aufgabe der Legislative war es, als Gesetze generelle und abstrakte Normen zu erlassen: abstrakt in Bezug auf den Gegenstand (nicht auf einen konkreten Gegenstand bezogen) und generell in Bezug auf die Adressaten (nicht auf eine bestimmte Person bezogen). Demgegenüber werden individuell-konkrete Maßnahmen durch die Exekutive getroffen, i. d. R. durch Verwaltungsakt[52]. Individual-

---

[49] BVerfGE 49, 89 (126), sog. „Wesentlichkeitstheorie", abgeschwächt im „Nachrüstungs"-Urteil, NJW 1985, 603; *Pitschas* (o. Fn. 18), S. 256, Fn. 115 m. w. N.

[50] *Philip Kunig*, Das Rechtsstaatsprinzip, Tübingen 1986, S. 391.

[51] *Karpen*, Zum gegenwärtigen Stand der Gesetzgebungslehre, Zeitschrift für Gesetzgebung, Bd. 1 (1986), S. 1 ff.

[52] Dazu *Hermann Eichler*, Gesetz und System, Berlin 1970, S. 43.

gesetze = Einzelfallgesetze erschienen im Gesamtsystem der Gesetze als Fremdkörper, als Exemtionen von allgemeinen Rechtsregeln[53].

Der Begriff des Maßnahmegesetzes bezeichnet solche Rechtssätze, die den zu regelnden Tatbestand an eine rein zweckmäßige Rechtsfolge knüpfen, dergestalt, daß der Gesetzgeber Lebenssachverhalte in einem Tatbestand zusammenfaßt, um ihn einer primär zweckmäßig orientierten Rechtsfolge zu unterwerfen. Das Maßnahmegesetz regelt also eine zeitlich oder zahlenmäßig begrenzte Zahl von Lebenssachverhalten. Es verfolgt einen konkreten Zweck und stellt die zur Erreichung dieses Zweckes für angemessen gehaltenen Mittel zur Verfügung[54].

Die Begriffe Einzelfallgesetz und Maßnahmegesetz decken sich also nicht: Jedes Einzelfallgesetz ist ein Maßnahmegesetz, aber nicht jedes Maßnahmegesetz betrifft einen Einzelfall. Daher kann – da Art. 19 I GG nur Einzelfallgesetze verbietet – ein Maßnahmegesetz, wie es das HSÄG zweifellos ist – nicht von vornherein verfassungswidrig sein. Und auch Einzelfallgesetze sind nach Auffassung des Bundesverfassungsgerichtes nicht prinzipiell unzulässig. Das Gericht erklärt sie vielmehr für verfassungsrechtlich zulässig[55], soweit nicht ein Fall des Art. 19 I GG vorliegt, d. h. soweit der Gesetzgeber nicht beabsichtigt, gleichheitswidrig einen einzelnen Grundrechtsträger zu belasten. Das ist in der Tat nicht die Intention des § 1 HSÄG. Es geht vielmehr um eine organisatorische Maßnahme in Bezug auf die Gestaltung des Hochschulsystems. Es handelt sich um die Auflösung einer Körperschaft, die Aberkennung eines rechtlichen Status. Die Errichtung einer Rundfunkanstalt, einer Gemeinde oder einer sonstigen Körperschaft des öffentlichen Rechts sowie der actus contrarius, die Auflösung, ist eine Bestimmungsnorm[56].

Eine organisatorische Änderung wird von einer Entscheidung des Landesgesetzgebers abhängig gemacht. Dabei handelt es sich nicht um eine Rechtsregel, sondern um eine Statusbestimmung. Der Begriff des (nur) „formellen Gesetzes" ist entbehrlich, wenn man sich davon frei macht, daß „Gesetz" stets eine Rechtsregel mit Ge- und Verboten ist. Im gewaltenteilenden System der parlamentarischen Demokratie des

---

[53] *Eichler* (o. Fn. 52), S. 45.

[54] *Ernst Forsthoff*, Über Maßnahmegesetze, in: Forschungen und Berichte aus dem öffentlichen Recht, Gedächtnisschrift für W. Jellinek, München 1955, S. 221 f.; *Hans Schneider*, Gesetzgebung, Heidelberg 1982, S. 118.

[55] E 10, 108; 25, 271; 36, 385; 42, 263.

[56] *Schneider* (o. Fn. 54), S. 10, 12.

III. Auflösung der FHS Hagen durch Gesetz

Grundgesetzes erläßt der Gesetzgeber zwar allgemeine Rechtsregeln, daneben aber auch Status-, Grundsatz- und Maßstabsbestimmungen, die etwas Maßgebliches allgemein verbindlich festsetzen. Das wird an der Ratifikation eines Vertrages mit einem auswärtigen Staat (Art. 59 II GG) ebenso deutlich wie an der Errichtung oder Auflösung einer Körperschaft[57].

Im Blick auf später Darzulegendes sollte man jedenfalls Abstand von dem Unterfangen nehmen, die Kontrolldichte der Verfassungsgerichtsbarkeit im Hinblick auf ein Organisationsgesetz mit Hilfe des Argumentes zu intensivieren, es handele sich nur der Form nach um ein Gesetz, der Sache nach jedoch um einen Verwaltungs- oder Regierungsakt mit der Maßgabe, daß „legislatorische Einzelakte" dieser Art prinzipiell unbeschränkt durch das Verfassungsgericht nachprüfbar seien wie gesetzesgebundene Entscheidungen von Verwaltungsbehörden[58].

3. Planung nach dem Gegenstromprinzip

Soweit es den Inhalt des EHSÄG angeht, handelt es sich um ein planvollziehendes Maßnahmegesetz, ein Planvollzugsgesetz. Im planerischen Gesamtzusammenhang der Landeshochschulplanung ergreift das Gesetz eine Einzelmaßnahme. Der Plan, der insoweit bruchstückweise realisiert wird, ist final auf die Verwirklichung eines bestimmten Zweckes angelegt, anders als das konditional strukturierte sonstige Handeln von Regierungs- und Verwaltungsbehörden[59].

Der Umstand, daß die Schließung der FHS Hagen Bestandteil und Konkretisierungsmaßnahme der Landeshochschulplanung ist, rückt die Verfahrensmaxime der „Planung nach dem Gegenstromprinzip" in das Blickfeld rechtlicher Betrachtung. Es gilt für die Hochschulplanung[60] ebenso wie für die Raumordnungs-, Landes-, und Regionalplanung[61]

---

[57] *Schneider* (o. Fn. 54), S. 16.
[58] *Stern/Bethge* (o. Fn. 47), S. 8.
[59] Dazu *Joseph H. Kaiser*, in: Planung I, Baden-Baden 1968, S. 11, 32; vgl. auch *Böckenförde*, Planung zwischen Regierung und Parlament, Der Staat 1972, S. 429; *Ulrich Karpen*, Hochschulplanung, in: Flämig (Hrsg.), Handbuch des Wissenschaftsrechtes, Bd. I, Berlin 1982, S. 196; ders., Hochschulplanung und Grundgesetz, Paderborn 1987, pass.
[60] *Karpen*, Hochschulplanung und Grundgesetz, S. 189 f.
[61] *Wilfried Erbguth*, Raumordnungs- und Landesplanungsrecht, Köln 1983, S. 71.

sowie für Fachplanungen. In den gesetzlichen Regelungen der „Planung nach dem Gegenstromprinzip" ist vor allem die Beteiligung der nachgeordneten Stellen und Betroffenen geregelt. „Planung von hoher Hand" und „Partizipation von unten" ergänzen sich. Es geht um den Versuch, in funktionellem Verständnis der Wissenschaftsfreiheit durch Mitwirkung der Hochschulen an staatliche Entscheidungen sicherzustellen, daß die Interessen der Hochschule an der zukünftigen Entwicklung hinreichend berücksichtigt werden[62].

„Planung nach dem Gegenstromprinzip" ist Ausdruck der schon dargelegten Rechtslage, daß Hochschulen letztlich von staatlicher Verwaltung und Selbstverwaltung in gemeinsamer Verantwortung betrieben werden. Die Zone gemeinsamer Verantwortung ist durch Mitwirkungsrechte, durch Anhörungs-, Beteiligungs-, Initiativ- und echte Entscheidungskompetenzen geprägt[63]. Die Mitwirkungsformen müssen dem Grad der Betroffenheit angepaßt werden, sich steigern mit zunehmender Annäherung an den Kernbereich der Wissenschaft. Das ist das Modell der „partizipatorischen" Grundrechtssicherung[64].

Wegen der Selbstverwaltungsgarantie der Art. 16 LdVerf NRW und Art. 5 III GG gelten deshalb die Planungsprinzipien fort, wie sie in § 66 FHSG verankert waren, der durch das 4. Gesetz zur Änderung des Gesetzes über die wissenschaftlichen Hochschulen des Landes Nordrhein-Westfalen und des Fachhochschulgesetzes sowie Gesetz über Kunsthochschulen im Lande Nordrhein-Westfalen vom 20. Oktober 1987 (GVBl. S. 366) aufgehoben worden ist. § 66 I FHSG i. V. m. § 99 WissHSG sah vor, daß der Hochschulgesamtplan von der Landesregierung nach Beratung mit den Hochschulen aufgestellt werden muß und daß der von der Hochschule selbständig aufzustellende Hochschulentwicklungsplan Unterlage für die Aufstellung des Hochschulgesamtplans ist. Nach dem früheren § 66 II FHSG stellte jede Fachhochschule im Zusammenwirken mit dem Minister für Wissenschaft und Forschung einen Hochschulentwicklungsplan auf. Er enthielt:

---

[62] *Karpen*, Abbau (o. Fn. 10), S. 39.
[63] *Rainer Wahl*, Rechtsfragen der Landesplanung und Landesentwicklung, 2 Bde., Berlin 1978, Bd. 1, S. 138.
[64] *Schmidt/Aßmann*, Verfassungsrechtliche und verwaltungspolitische Fragen einer kommunalen Beteiligung an der Landesplanung, AöR 101 (1976), S. 520 – 547.

III. Auflösung der FHS Hagen durch Gesetz

– die Beschreibung des Bestandes und der vorgesehenen Entwicklung der Fachbereiche, Einrichtungen und Verwaltungseinrichtungen;
– die Schwerpunkte der Forschung und sonstigen Entwicklungsvorhaben;
– die in den einzelnen Studiengängen bestehende und angestrebte Ausbildungskapazität.

Bei der Aufstellung und Fortschreibung des Hochschulentwicklungsplanes mußte der Hochschulgesamtplan des Landes beachtet werden. Nach § 66 III FHSG waren die Fachhochschulen gehalten, unter Beachtung des Hochschulentwicklungsplanes für ihre Fachbereiche Ausstattungspläne aufzustellen. Sie beziehen sich auf die Ausstattung mit Stellen, Sachmitteln und Räumen. Die hier vorgesehene Beteiligung der Fachhochschulen ist Bestandteil des allgemeinen Rechtes planender Regierung und Verwaltung. Sie dient

– als Mittel des verfahrensmäßigen Rechtsschutzes;
– der Kompensation fehlender eigenständiger Aufgabenerledigung;
– der kondominalen Zusammenarbeit zwischen Hochschule und Staat[65].

Die Effektivierung des Gegenstromprinzips gebietet eine über das bloße Anhörungsrecht hinausgehende Beteiligung der Hochschule. Es muß gewährleistet sein, daß Anregungen und Vorschläge der Hochschule in den staatlichen Entscheidungsprozeß einfließen. Das setzt frühzeitige Information und eine ausreichende wie umfassende Teilnahme im Rahmen der Planerstellung voraus. Nur so ist gewährleistet, daß die hochschulischen Erfordernisse Berücksichtigung finden und ihr Einfluß nicht wegen vorgefaßter Zielvorstellungen von vornherein reduziert ist[66].

4. Abwägung zwischen staatlichem Organisationsinteresse und Wissenschaftsfreiheit

Anhörung, Beteiligung, Planung nach dem Gegenstromprinzip sind verfahrensmäßige Hilfsmitel, um eine inhaltliche Richtigkeit der gesetzgeberischen Entscheidung zu gewährleisten. Zwar ist der Gesetzgeber

---

[65] *Franz Joseph Peine*, Raumplanungsrecht, Tübingen 1987, S. 71; *Karpen*, Hochschulplanung und Grundgesetz, Bd. II, S. 863 f.
[66] BVerfGE 31, 226; BVerfG DVBl 1988, S. 44.

bei hochschulplanerischen Maßnahmen im Bereich seiner Organisationsprärogative relativ frei, die zukünftige Entwicklung zu prognostizieren und Zielentscheidungen zu treffen, jedoch ist er verfassungsrechtlich (Art. 2 I, 20 GG) gehalten, eine rechtsstaatliche Entscheidung zu treffen, materielle Gerechtigkeit zu verwirklichen, Rechtssicherheit zu gewährleisten, und das heißt, nur eine vernünftige, sachgerechte, zwecktaugliche Entscheidung zu treffen[67].

Materielle Gerechtigkeit verwirklichen heißt das Gemeinwohl konkretisieren. Da die Auflösung der FHS Hagen den Bereich ihrer Wissenschaftsfreiheit berührt – auch wenn sie kein Grundrecht auf Fortexistenz hat –, muß der Gesetzgeber einen zureichenden Grund aus der Wahrung der Interessen des Landes geltend machen. Die das Gemeinwohl konkretisierende Legislative muß ein öffentliches Interesse von höherem Gewicht vertreten als es das institutionelle Interesse der FHS Hagen auf Fortexistenz und Fortführung ihrer wissenschaftlichen Arbeit ist. Die Sonderbelastung der FHS Hagen im Vergleich zu anderen Hochschulen darf nicht willkürlich sein[68].

Damit ist der im Grundgesetz verankerte Verhältnismäßigkeitsgrundsatz (Art. 1, 2 I, 3, 20 GG)[69] ausschlaggebender Maßstab verfassungsmäßiger Überprüfung des gesetzgeberischen Handelns. Er intendiert die Mäßigkeit staatlicher Eingriffe. Er verlangt, daß diese sich „im Verhältnis" zum öffentlichen Interesse befinden, das an dem Eingriff besteht, und daß die Intensität des Eingriffs begrenzt wird auf den geringsten Grad, der erforderlich ist, um das Ziel des Eingriffs zu erreichen. Das rechtsstaatliche Verhältnismäßigkeitsprinzip gebietet damit, eine Güterabwägung vorzunehmen, die notwendigerweise unmittelbar grundrechtsgeprägt ist[70]. Das Grundrecht der Wissenschaftsfreiheit darf – da keine verfassungsrechtliche Garantie der Fortexistenz einer Hochschule besteht – auch durch die Schließung einer Hochschule verkürzt werden. Der staatliche Organisationsvorbehalt darf aber – ebenso wie bei der Einziehung von Studiengängen[71] – nur unter Bindung an das Prinzip der

---

[67] *Stern/Bethge* (o. Fn. 47), S. 52 m. w. N.; *Kunig* (o. Fn. 50), S. 187; VerfGH NW OVGE 25, 310 (314).
[68] *Stern/Bethge* (o. Fn. 47), S. 4.
[69] *Kunig* (o. Fn. 50), S. 354, 360.
[70] *Bernhard Schlink*, Freiheit als Eingriffsabwehr, EuGRZ 1984, S. 457 (460).
[71] *Karpen*, Abbau (o. Fn. 10), S. 34 f.

III. Auflösung der FHS Hagen durch Gesetz

Verhältnismäßigkeit zur Anwendung gebracht werden. Zwar hat der Gesetzgeber einen weiten Spielraum zur Berücksichtigung von hochschul-, arbeitsmarkt-, regional- und haushaltspolitischen Gesichtspunkten. Diese müssen aber, wenn es sich um eine so eingreifende Maßnahme wie die Schließung einer Hochschule handelt, ein größeres Gewicht haben als bei der Schließung einzelner Studiengänge und anderen Organisationsmaßnahmen.

Aufgabe des Gesetzgebers ist es, die verschiedenen Gemeinwohlgründe nach Art einer Schaden-Nutzen-Bilanz gegeneinander abzuwägen[72] und sich letztlich für das überragende öffentliche Interesse zu entscheiden. Dabei hat der Gesetzgeber eine Gestaltungsbefugnis und damit eine Kompetenz, die erforderliche Abwägung selbst vorzunehmen, die allerdings in Bezug auf die Grenzen der Abwägungskompetenz der richterlichen Prüfung unterliegt[73]. Die Pflicht zur Abwägung aller beteiligten Interessen ist vom Bundesverwaltungsgericht zunächst für die Bauleitplanung entwickelt worden. Es betont aber: „In dieser alle in Betracht kommenden Belange umfassenden Weite ist das Abwägungsgebot ... überhaupt ein dem Wesen rechtsstaatlicher Planung innewohnender Grundsatz, dem deshalb die Bauleitplanung auch dann Rechnung tragen müßte, wenn § 1 BBauG das nicht ausdrücklich bestimmte"[74]. Man kann sogar noch einen Schritt weitergehen: Da das Abwägungsgebot letztlich den rechtsstaatlichen Grundsatz der Gemeinwohlkonkretisierung bezeichnet, gilt er für jedes staatliche Handeln, sei es der Legislative, sei es der Exekutive[75].

Die Abwägung der verschiedenen zur Realisierung drängenden Ziele und die Auswahl der durch politische Entscheidung zu ergreifenden Maßnahmen erfolgt letztlich in drei Phasen:

– es müssen die Tatsachen und Ziele ermittelt und festgestellt werden;

– dann müssen die Optionen und Ziele bewertet und gewichtet werden;

---

[72] *Stern/Bethge* (o. Fn. 47), S. 60; *F. E. Schnapp*, Verhältnismäßigkeitsgrundsatz und Verwaltungsverfahrensrecht, in: Festschrift für H. U. Scupin, 1983, S. 899 (908); *Bernhard Schlink*, Abwägung im Verfassungsrecht, 1976, S. 200.

[73] BVerfG DVBl 1988, S. 44.

[74] E 34, 301 (307); so zutreffend auch *Battis*, Öffentliches Baurecht und Raumordnungsrecht, 2. Aufl., Stuttgart 1987, S. 103; *Werner Ernst/Werner Hoppe*, Das öffentliche Bau- und Bodenrecht, Raumplanungsrecht, 2. Aufl., München 1981, Rn. 283.

[75] *Kunig* (o. Fn. 50), S. 350 f.

– sodann müssen die Ziele und Handlungsalternativen gegeneinander abgewogen werden; die Entscheidung ist herbeizuführen.

Das Abwägungsgebot verlangt damit, daß erstens eine Abwägung überhaupt stattfindet, daß – zweitens – in die Abwägung an Belangen eingestellt wird, was nach Lage der Dinge in sie eingestellt werden muß und daß – drittens – weder die Bedeutung der betroffenen Belange verkannt noch ein Ausgleich zwischen ihnen in einer Weise vorgenommen wird, die zur objektiven Gewichtigkeit einzelner Belange außer Verhältnis steht. Innerhalb des so gezogenen Rahmens wird das Abwägungsgebot jedoch nicht verletzt, wenn sich die zur Entscheidung ermächtigte Stelle in der Kollision zwischen verschiedenen Belangen für die Bevorzugung des einen und damit notwendigerweise für die Zurückstellung eines anderen entscheidet.

Zusammengefaßt ist für eine rechtsstaatliche Entscheidung also folgendes erforderlich:

a) Eine Abwägung der Ziele und Maßnahmen;
b) Die Ermittlung und Feststellung von Tatsachen, Zielen, Maßnahmen, wozu insbesondere auch die Prognose gehört;
c) Die Bewertung des Abwägungsmaterials;
d) Die Abwägung selbst, der Ausgleich zwischen harmonisierenden und gegenläufigen Zielen; die Entscheidung;
e) Dabei sind weitere Abwägungsmaßstäbe zu beachten, wie das Gebot der Verhältnismäßigkeit, das Gebot der Rücksichtnahme, das Streben nach Konfliktbewältigung;
f) Schließlich muß sichergestellt sein, daß auch das Abwägungsergebnis dem Verhältnismäßigkeitsprinzip entspricht[76].

IV. Abwägungsfehler des Gesetzgebers und ihre verfassungsgerichtliche Überprüfung

In diesem Gutachten interessiert natürlich vor allem die Frage, ob und gegebenenfalls in welchem Umfange das Verfassungsgericht die Abwägung durch den Gesetzgeber – den Vorgang und das Ergebnis – überprü-

---

[76] *Battis* (o. Fn. 74), S. 99; *Peine* (o. Fn. 65), S. 111; BVerwGE 34, 301; E 45, 312 (313); E 56, 283; *Ernst/Hoppe* (o. Fn. 74), Rn. 283.

IV. Abwägungsfehler des Gesetzgebers

fen kann. Die Frage nach der Kontrolldichte der verfassungsgerichtlichen Überprüfung[77] muß sich an der gesetzgeberischen Gestaltungsfreiheit und dem Prinzip der Evidenz eines Abwägungsfehlers orientieren. Das Gericht muß den Sozialgestaltungsauftrag des Gesetzgebers respektieren. Dieser hat einen weiten Ermessensspielraum, etwa zwischen Tendenzen der Nachfrage oder des Bedarfs[78]. Zu Recht hat der Staatsgerichtshof von Baden-Württemberg[79] in Bezug auf die Auflösung der Pädagogischen Hochschulen Esslingen und Lörrach festgestellt, daß sich die richterliche Überprüfung nicht darauf erstrecken dürfe, ob die politische Entscheidung des Gesetzgebers die einzig mögliche ist oder ob sie auch die „zweckmäßigste", „vernünftigste", „gerechteste" Lösung enthält. Sowohl bei der Auswahl der betroffenen Belange wie auch bei ihrer Bewertung hat der Gesetzgeber einen weiten Spielraum. Auch die Tatsachenfeststellung und Prognose des Gesetzgebers unterliegt nur in beschränktem Umfange der richterlichen Kontrolle[80].

Eine falsche Prognose kann dem Gesetzgeber eine spätere Nachbesserung abverlangen; das Gericht ist in weiten Grenzen jedoch nicht befugt, seine Prognose an die Stelle der Prognose des Gesetzgebers zu rücken. Soweit Prognosen, Wertungen und Erwägungen des Gesetzgebers von Bedeutung sind, kann sich das Gericht nur dann über sie hinwegsetzen, wenn sie evident fehlerhaft sind, also eindeutig widerlegbar oder offensichtlich fehlsam[81]. Das hat das Bundesverfassungsgericht in einer neuen Entscheidung[82] bestätigt: „Es kommt also auch und gerade hier darauf an, ob überörtliche Interessen von höherem Gewicht den Eingriff auch im Einzelfall erfordern (BVerfGE 56, 298, 314). Dabei ist freilich zu beachten, daß bei einer Planungsentscheidung der vorliegenden Art dem Normgeber eine Gestaltungsbefugnis und damit die Kompetenz eingeräumt ist, die erforderliche Abwägung selbst vorzunehmen. Das BVerfG kann nicht seine eigene Abwägung an die Stelle derjenigen des Normgebers setzen; es hat nur zu prüfen, ob sich diese in den verfassungsrecht-

---

[77] *Stern/Bethge* (o. Fn. 47), S. 7.
[78] *Von Brünneck,* DÖV 1984, S. 999; BVerfGE 33, 303; E 43, 291 (325).
[79] DÖV 1981, 963 (965).
[80] *Michael Kloepfer,* Gesetzgebung im Rechtsstaat, VVDSTRl 40 (1982), S. 90 mit Fn. 105; vgl. auch BVerfGE 49, 89 (137); 50, 290 (323); BVerfG NJW 1981, 2107 (2108); *Pitschas* (o. Fn. 18), S. 256 mit Fn. 114.
[81] *Stern/Bethge* (o. Fn. 47), S. 57.
[82] DVBl 1988, S. 41 (44).

lich vorgezeichneten Grenzen hält, zutreffend und vollständig ermittelt und ob anhand dieses Sachverhaltes alle sachlich beteiligten Belange und Interessen der Entscheidung zugrundegelegt sowie umfassend und in nachvollziehbarer Weise abgewogen worden sind. Soweit hierbei über Wertungen und Prognosen zu befinden ist, hat das BVerfG seine Nachprüfungen darauf zu beschränken, ob diese Einschätzungen und Entscheidungen offensichtlich fehlerhaft oder eindeutig widerlegbar sind oder ob sie der verfassungsrechtlichen Ordnung widersprechen. Nur unter diesen Einschränkungen kann es schließlich die Regelung im Ergebnis daraufhin überprüfen, ob sie das Willkürverbot beachtet und verhältnismäßig ist"[83].

Unter diesen Einschränkungen kann eine gesetzgeberische Entscheidung mithin auf folgende Fehlermöglichkeiten hin untersucht werden:

a) Die Abwägung kann unterblieben sein (Abwägungsausfall);

b) Die Tatsachen, Ziele, Konsequenzen, Prognosen können fehlerhaft sein (Abwägungsdefizit);

c) Die Ziele und Mittel können falsch gewichtet worden sein (Abwägungsfehleinschätzung);

d) Der Abwägungsvorgang selbst kann fehlerhaft sein (Abwägungsdisproportionalität);

e) Ein Verstoß gegen Kontrollmaßstäbe kann unterlaufen sein;

f) Das Abwägungsergebnis kann unverhältnismäßig sein.

V. Der Gang der Untersuchung

Im folgenden wendet sich die gutachtliche Äußerung zunächst der Frage zu, wie weit das rechtsstaatliche Verfahren eingehalten worden ist, insbesondere die FHS Hagen ausreichende Gelegenheit zur Stellungnahme erhalten hat (B I). Sodann ist zu prüfen, ob die gesetzgeberische Entscheidung inhaltlich dem Rechtsstaatsprinzip entspricht (B II), näherhin ob das Gemeinwohlprinzip/Verhältnismäßigkeitsprinzip beachtet (B II 1) und auch die Prinzipien der Rechtssicherheit/Selbstbindung des Gesetzgebers eingehalten wurden (B II 2). Unter C wird sodann zur Frage

---

[83] Vgl. auch *Gelzer*, Bauplanungsrecht, 4. Aufl., Köln 1984, Rn. 43 f.; *Ernst/ Hoppe* (o. Fn. 74), Rn. 289 f.; *Stern/Bethge* (o. Fn. 47), S. 57; *Tettinger*, JR 1973, S. 409; *Hoppe*, Festgabe für Hefermehl, S. 100.

der Umsetzung der Hochschullehrer der FHS Hagen Stellung genommen. Die Möglichkeiten gerichtlicher Überprüfung des HSÄG werden unter D untersucht. Unter E werden die Ergebnisse der Untersuchung thesenartig zusammengefaßt.

B. Überprüfung des EntwHSÄG auf seine Verfassungsmäßigkeit

I. Verletzung des Anhörungsgebotes?

1. Die tatsächlichen Ereignisse

Die Verfassungsmäßigkeit der in Aussicht genommenen Auflösung der FHS Hagen könnte zunächst deshalb in Frage gestellt sein, weil ihr im Gesetzgebungsverfahren nicht ausreichend Gelegenheit zu einer effizienten Stellungnahme gegeben worden ist.

Die Frage einer möglichen Verletzung des Anhörungsrechtes stellt sich vor dem Hintergrund folgender tatsächlicher Ereignisse:

– Der MWF hat mit seinen Erlassen vom 5. 11. 1986, 2. 2. 1987 und 9. 2. 1987 die Perspektiven für die Hochschulentwicklung dargelegt und Grundsätze für die Strukturplanungen gegeben.

– Hierzu hat die Landesrektorenkonferenz der Fachhochschulen am 22. 1. 1987 eine Stellungnahme abgegeben.

– In einer Besprechung zwischen dem MWF und dem Rektorat der FHS Hagen vom 6. 2. 1987 wurden die Perspektiven erörtert.

– Am 24. 2. 1987 legte der Rektor der FHS Hagen Perspektiven der FHS für die weitere Entwicklung vor.

– Am 26. 6. 1987 übersandte der Staatssekretär des MWF erweiterte Planungsperspektiven, welche u. a. die beabsichtigte Schließung der FHS Hagen umfaßten.

– Am 6. 7. 1987 nahm die FHS Hagen zu dieser Vorlage Stellung.

– Am 14. 7. 1987 beschloß das Kabinett die Perspektiven für die Hochschulentwicklung – Plan 2001 –.

– Am 17. 7. 1987 erfolgte die erste Anhörung der FHS Hagen zur Strukturplanung.

– Am 17. 11. 1987 beschloß das Kabinett den Entwurf des HSÄG.

- Später legte der Senat eine Stellungnahme zum EHSÄG vor (LTDrS 10/2599).
- Am 3. 12. 1987 beriet der Landtag den Entwurf und überwies ihn an den zuständigen Ausschuß.
- Am 18. 1. 1988 erfolgte eine umfassende Anhörung aller Beteiligten durch den Ausschuß für Wissenschaft und Forschung.

2. Rechtsstaatliches Verfahren

Ein „rechtsstaatliches" Verfahren soll nicht nur ein „gerechtes" Ergebnis des Entscheidungsprozesses gewährleisten, sondern auch einen berechenbaren Ablauf dieses Entscheidungsprozesses sichern[84]. Die „berechenbare" Verfahrensgestaltung soll so strukturiert sein, daß in ihr die beteiligten Interessen und entscheidungserheblichen Fakten in einer Weise zutage kommen, daß sie bei der Entscheidungsfindung berücksichtigt werden können[85]. Die für und gegen eine Hochschulauflösung sprechenden Gründe hätten also eingehend im Initiativverfahren in der Landesregierung und in den parlamentarischen Gremien erörtert werden müssen[86].

3. Anhörung der FHS Hagen

Inhalt, Umfang und Grenzen des Anhörungsrechtes der FHS Hagen ergeben sich aus ihrer Betroffenheit und dem Rechtsstaatsprinzip. Der FHS Hagen mußte Gelegenheit gegeben werden, zu den der beabsichtigten Auflösung zugrunde liegenden Leitlinien, Grundsätzen und Richtungspunkten Stellung zu nehmen. Sie mußte auch Gegenvorstellungen entwickeln können. Sie mußte auch dazu Stellung nehmen können, ob der Gesetzgeber in vergleichbaren Fällen zu gleichen Ergebnissen gelangt oder abweichenden Lösungen durchaus zugänglich ist. Zur richtigen Einordnung des Anhörungsrechtes gehört die Einsicht, daß es mit einem „formalen", mehr generös von Staats wegen gewährten Gegenvor-

---

[84] *Kunig* (o. Fn. 50), S. 362 ff.

[85] *H. Goerlich*, Grundrechte als Verfahrensgarantien, 1981; *F. O. Kopp*, Verfassungsrecht und Verwaltungsverfahrensrecht, 1981; *D. Dörr*, Faires Verfahren, Gewährleistung im Grundgesetz der Bundesrepublik Deutschland, 1984, S. 140; BVerfGE 53, 30 f.

[86] *Pitschas* (o. Fn. 18), S. 256.

stellungsverfahren nicht getan ist, sondern der Hochschule ausreichend Zeit gelassen werden mußte, eine in der Substanz und in der Effizienz ernstzunehmende Stellungnahme auszuarbeiten, die die Vorstellung des weitgehend programmierten Gesetzgebers noch beeinflussen konnte[87].

Bei Würdigung der oben dargestellten Abfolge der Termine kann davon ausgegangen werden, daß Landesregierung und Landtag ihrer Anhörungspflicht genügt haben. Daß die Gegenvorstellungen der FHS Hagen bisher inhaltlich nicht zum Tragen gekommen sind, ist hier nicht zu untersuchen. Diese Frage wird die inhaltliche Überprüfung des Gesetzentwurfs bestimmen. Das Anhörungsrecht umfaßt die Befugnis, überhaupt ausreichend angehört zu werden, nicht aber den Anspruch, mit Erfolg angehört zu werden.

4. Verstoß gegen den Grundsatz des hochschulfreundlichen Verhaltens?

Fraglich ist, ob sich eine über die Anhörung in dem bezeichneten Umfang hinausgehende Pflicht zur Kooperation aus dem Grundsatz des hochschulfreundlichen Verhaltens" ergibt. Dabei handelt es sich um einen allgemeinen Rechtsgedanken, der im Rechtsstaatsprinzip (Art. 20 GG) verankert und für das Verhältnis zwischen Hochschule und Staat von wesentlicher Bedeutung ist, wenngleich er bislang wenig behandelt wurde[88]. Die zahlreichen Einzelstränge des Kooperations- und Koordinationsgeflechtes zwischen Hochschule und Staat werden zusammengefaßt zu einem allgemeinen Gebot der Rücksichtnahme. Vorläufer dieses Instituts ist die „Bundestreue". Sie begründet die Pflicht des Bundes und der Länder, bei der Wahrnehmung der jeweils zustehenden „Kompetenzen die gebotene und zumutbare Rücksichtnahme auf das wohlverstandene Gesamtinteresse des Bundesstaates und die Belange der übrigen Länder zu üben"[89].

---

[87] *Stern/Bethge* (o. Fn. 47), S. 18; *Regine Rausch-Gast,* Selbstbindung des Gesetzgebers, Frankfurt am Main 1983, S. 67; *Kunig* (o. Fn. 50), S. 376.

[88] *Lorenz* (o. Fn. 42), S. 19 f.; HessVGH NJW 1970, 296; *Karpen,* Abbau (o. Fn. 10), S. 41.

[89] BVerfGE 32, 199 (218); E 43, 291 (348); E 55, 274 (346); *Bayer,* Die Bundestreue, 1967, S. 64 ff.; *Klaus Stern,* Staatsrecht der Bundesrepublik Deutschland, Bd. I, 2. Aufl., München 1984, S. 699 f.; *Stern/Bethge* (o. Fn. 47), S. 357. – Kritisch: *v. Pestalozza,* „Formenmißbrauch" des Staates, München 1973, S. 98 f.

I. Verletzung des Anhörungsgebotes?

Ähnliches gilt für die „Verfassungsorgantreue" und den Grundsatz des „hochschulfreundlichen Verhaltens". Der Grundsatz „treuer Kooperation" verlangt von beiden Seiten die Bereitschaft zur Zusammenarbeit, zur Kooperation und Abstimmung in formeller wie materieller Hinsicht und verpflichtet die Beteiligten, „die Freiheit ihrer Entscheidung der Rücksicht auf das Gemeinwohl unterzuordnen"[90]. Die Pflicht trifft im Falle des „hochschulfreundlichen Verhaltens" vor allem den Staat, kommt den Hochschulen zugute. Sie sind – in grundrechtlicher Fundierung ihres Status – gleichberechtigte und unabhängige Partner des Staates, wie die Länder gegenüber dem Bunde im Falle der „Bundestreue" aufgrund bundesstaatlichen Organisationsrechtes. Die Pflicht zu „hochschulfreundlichem Verhalten" trifft auch den Gesetzgeber[91]. Er ist weniger Gegenspieler der Hochschule, sondern aufgrund seiner Funktionen zur Strukturierung, Prägung, Formung des Lebensverhältnisses „Hochschule", zu grundrechtsbewahrender „Hege" verpflichtet[92].

Die konkrete Anwendung eines auf Anhieb so klaren und einsichtigen Grundsatzes ist gewiß nicht leicht. Sein Anwendungsbereich liegt in der Zone zwischen (materiell) Verbotenem und (materiell wie formell) Erlaubtem, in einem Bereich, dessen Grenzziehung gerade dem Gesetzgeber obliegt. So mag es eine berechtigte Frage sein, ob das Land nicht dadurch gegen seine Pflicht zur Kooperation verstoßen hat, daß es 1982 zwei Fachbereiche der FHS Hagen einstellte, spätere Vorschläge für die Einrichtung neuer Studiengänge nicht akzeptierte und nunmehr unter Bezugnahme auf die mangelnde Attraktivität des Standortes Hagen die FHS schließen will. Zweifel bestehen auch daran, ob das Land die Entwicklungsvorschläge der FHS Hagen wirklich ernsthaft zur Kenntnis genommen hat. Jedenfalls ist nicht zu erkennen, daß das Land diese Vorschläge im Zuge der Vorbereitung des HSÄG in irgendeiner Weise mit triftigen Gründen als nicht aussichtsreich zurückgewiesen hätte. Es trifft zu, daß die FHS Hagen mehrmals Gelegenheit erhalten hat, ihre Gegenvorstellungen zu erläutern und den „Perspektiven" der Hochschulplanung entgegenzuhalten. Richtig ist aber auch, daß die Zeit von knapp sechs Monaten keinesfalls ausreiche, besonders für die gefährdeten Fachbereiche hieb- und stichfeste, wohl begründete Entwicklungs-

---

[90] BVerfGE 4, 115 (141).
[91] *Lorenz* (o. Fn. 42), S. 22.
[92] *Macher*, Der Grundsatz des gemeindefreundlichen Verhaltens, 1971, S. 131.

38 B. Überprüfung des EntwHSÄG auf seine Verfassungsmäßigkeit

pläne auszuarbeiten. So ist festzustellen, daß die Begründung der „Perspektiven" und des HSÄG lediglich auf der Fortschreibung der jetzigen Daten, des jetzigen Forschungs- und Lehrangebotes der FHS Hagen beruht, ohne die sichernden, ändernden, anpassenden Pläne der FHS Hagen und ihrer Fachbereiche zu berücksichtigen. Eine so kurzatmige Planung, welche die autonomen und kreativen Kräfte der FHS Hagen nicht zur Entfaltung gelangen läßt, ist mit dem „Grundsatz des hochschulfreundlichen Verhaltens" nicht vereinbar. „Hochschulfreundliches Verhalten" heißt: „sich verständigen", „zusammenwirken", „zur Wahrung der wohl verstandenen Interessen der Hochschulen beitragen", „gemeinsame Entscheidungen sachgerecht herbeiführen". „Hochschulfreundliches Verhalten" ist eine Kompetenzausübungsschranke[93] und hat mit Procedere und Stil des Umganges miteinander zu tun. Gegen diesen Grundsatz haben Landesregierung und Gesetzgeber verstoßen. Deshalb leidet das Gesetzgebungsverfahren des HSÄG an einem verfahrensrechtlichen Mangel, wird den Anforderungen eines rechtsstaatlichen Verfahrens nicht gerecht. Der in diesem Verfahren zustande gekommene § 1 HSÄG ist verfassungswidrig und nichtig.

II. Inhaltliche Überprüfung des EntwHSÄG – Rechtsstaatlichkeit als Gemeinwohlprinzip, Verhältnismäßigkeit und Rechtssicherheit

Nunmehr ist zu fragen, ob der EntwHSÄG inhaltlich – soweit er die Schließung der FHS Hagen vorsieht – mit dem Rechtsstaatsgebot übereinstimmt. Bedenken ergeben sich in zweifacher Hinsicht. Zunächst ist zweifelhaft, ob der Gesetzgeber bei der Gestaltung des Gemeinwohls das öffentliche Interesse und die Interessen der FHS Hagen in einer Weise gegeneinander abgewogen hat, daß das auf Schließung hinauslaufende Interesse eindeutig und unter Beachtung des Verhältnismäßigkeitsprinzips dem FHS-Interesse vorzuziehen ist (1). Ferner ist zu prüfen, ob unter dem rechtsstaatlichen Kriterium der Rechtssicherheit der Gesetzgeber die Grenzen seiner Selbstbindung überschritten hat, ob die Entscheidung system- und konzeptionsgerecht, plankonform, die Kontinuität staatlichen Handelns bewahrend und das Vertrauen der FHS Hagen schützend zustande gekommen ist (2).

---

[93] *Stern*, Staatsrecht (o. Fn. 89), S. 703.

II. Inhaltliche Überprüfung des EntwHSÄG

1. Konkretisierung des Gemeinwohls unter Beachtung des Verhältnismäßigkeitsprinzips?

a) Abwägung der betroffenen Belange

Eine Schließung der FHS Hagen kommt nur dann in Betracht, wenn das öffentliche Interesse an dieser Organisationsmaßnahme das Interesse der FHS an der Fortführung ihrer Arbeit, des Märkischen Kreises und der Stadt Hagen an der Aufrechterhaltung des FHS-Standortes Hagen u. a. Interessen überwiegt. Die Entscheidung muß m. a. W. sachgerecht, vernünftig, zwecktauglich sein; das Gemeinwohl muß die Maßnahme verlangen[94].

Die Landesregierung beabsichtigt eine Flexibilisierung des Landeshochschulsystems, eine Konzentration, Schwerpunktbildung und Arbeitsteilung zwischen den verschiedenen Einrichtungen. Bestehende Aufgaben sollen zugunsten neuer Aufgaben aufgegeben werden. Die Hochschulen sollen ihre Aufgabe aufeinander abstimmen. Nicht jedes Fach soll an jeder Hochschule angeboten werden. Parallelangebote sollen aufgegeben werden. Feste Formen der Kooperation sollen gebildet werden, ebenso Verwaltungsgemeinschaften[95]. Auf der anderen Seite will das Land an seiner Öffnungspolitik festhalten, der Öffnung der Hochschulen als soziale Öffnung für bildungsferne Schichten, als regionale Öffnung und Erschließung zusätzlicher Bildungsreserven, als inhaltliche Öffnung durch differenzierte und gestufte Studienangebote[96]. Ferner will die Landesregierung Forschung, Entwicklung, Technologietransfer fördern, neue Studienangebote für neue akademische Berufe und Möglichkeiten der Weiterbildung entwickeln[97].

Die FHS Hagen stellt ihre Belange – wie im einzelnen darzustellen ist – wie folgt dar. Sie ist an der Erhaltung ihrer Selbständigkeit und körperschaftlichen Unabhängigkeit interessiert. Sie will ihre regionale Versorgungsaufgabe weiterhin so erfolgreich erledigen, wie das bislang der

---

[94] *Kunig* (o. Fn. 50), S. 187; *Stern/Bethge* (o. Fn. 47), S. 52; BVerfGE 50, 50 (51); VerfGH Rh-Pf DVBl 1969, 779 (788).

[95] Perspektiven der Hochschulplanung, Kabinettsfassung vom 14. 7. 1987, S. 3; Bevölkerungsentwicklung und Regierungshandeln in Nordrhein-Westfalen, Heft 49 der Schriftenreihe des Ministerpräsidenten von NRW, Juni 1987, S. 89, 90.

[96] Perspektiven vom 14. 7. 1987, S. 62.

[97] Perspektiven vom 14. 7. 1987, S. 63.

40   B. Überprüfung des EntwHSÄG auf seine Verfassungsmäßigkeit

Fall war. Sie will ihre Kapazität konsolidieren und Forschung, Lehre und Weiterbildung ausbauen, wozu konkrete Pläne vorgelegt wurden. Schließlich macht sie von sich aus konkrete Vorschläge zur Kostenreduzierung.

Ob der Gesetzgeber die Belange der Öffentlichkeit und der FHS Hagen richtig gegeneinander abgewogen hat, soll im folgenden näher untersucht werden. Es wird sich zeigen, daß

— in Bezug auf die Standortfrage ein Ermittlungsdefizit vorliegt (b);
— in Bezug auf die Kapazitätsplanung dem staatlichen Planer ein Prognosefehler unterlaufen ist (c);
— soweit es die Aufgabenplanung angeht, der Gesetzgeber die Fakten falsch bewertet hat (d);
— im Hinblick auf die Ausstattung der FHS Hagen, die Aufwendungen für Bauten und technische Einrichtungen, der Abwägungsvorgang fehlerhaft ist (e).

b) Standortplanung: FHS Hagen in Stadt und Region

Die Entscheidung, die FHS Hagen zu schließen, weist im Hinblick auf die Regionalplanung ein offensichtliches Ermittlungsdefizit auf. Bei der Zusammenstellung des Entscheidungsmaterials, der Feststellung der Tatsachen hat das Land die Bedeutung der Regionalpolitik richtig gesehen, insbesondere auch die Bedeutung der Hochschulen in der Region erkannt, jedoch die Fakten der tatsächlichen Bedeutung der FHS Hagen in Stadt und Region nicht richtig festgestellt. Die Anhörung des Wissenschaftsausschusses, insbesondere die Stellungnahmen der Stadt Hagen, des Märkischen Kreises, der Südwestfälischen Industrie- und Handelskammer und des Deutschen Gewerkschaftsbundes, Kreis Hagen, lassen deutlich erkennen, daß der Gesetzgeber bzw. die im Vorfeld der Gesetzgebung operierende Ministerialbürokratie die Erhaltung der örtlichen Verbundenheit der FHS falsch diagnostiziert haben. Die regionale Versorgung würde durch die Schließung der FHS Hagen eindeutig verschlechtert.

Die Begriffe der örtlichen Verbundenheit und der regionalen Versorgung sind keine starren statischen Begriffe, sondern müssen flexibel im Hinblick auf die tatsächlichen Umstände verstanden werden[98].

II. Inhaltliche Überprüfung des EntwHSÄG

Das Land hat zunächst richtig festgestellt, daß die Hochschulen – jede für sich, und also auch die FHS Hagen – eine wichtige Rolle bei der Landes-, Regional- und Stadtentwicklung spielen. Investitionen für Ausbildung und Forschung sind Investitionen für die Sicherung der Lebensgrundlagen und die Stärkung der Leistungskraft des Landes[99]. Eine dichte Hochschullandschaft ist ein entscheidender Zukunftsfaktor und eines der wirksamsten Instrumente der Strukturpolitik. Ausgaben für Hochschulen sind aber nicht nur Beiträge zur regionalen Wirtschaftsordnung, sondern auch zur Kunst- und Kulturförderung[100]. Die Landesregierung beruft sich zu recht darauf, daß sie seit den 70er Jahren das Hochschulwesen in erster Linie wegen seiner Bedeutung für die Förderung der regionalen Wirtschaftsstruktur und der regionalen Infrastruktur ausgebaut habe: Zur Förderung der Chancengleichheit, zur Verringerung der regionalen Entwicklungsunterschiede, zur Sicherung des regionalen Bedarfs an Hochschulplätzen, zur Ermöglichung eines Studiums in der Nähe der zukünftigen Arbeitsplätze und zur Heranführung bisher unterprivilegierter Schichten an die Hochschulbildung[101]. Aus diesen Gründen hat die Landesregierung auch wiederholt ihre Planungsleitlinie dahingehend verkündet, alle Hochschulstandorte zu erhalten[102]. Das Land hat erklärt, daß diese Leitlinie auch dann gelte, wenn die Studentenzahlen zurückgehen sollten. Wegen des wesentlichen Beitrages der Hochschulen zur technologischen, ökologischen und ökonomischen Entwicklung von Stadt und Region müsse man von einer vornehmlich ausbildungsorientierten Hochschulausstattung abrücken[103]. Die Hochschulen sind – so stellt die Landesregierung zutreffend fest – soziale, kulturelle und wirtschaftliche Faktoren. Ihre Absolventen werden als hochqualifizierte Arbeitskräfte von der Region aufgenommen. Die Hochschulen kooperieren mit Wirtschaft und Industrie. Sie sind Faktoren geistigen und kulturellen Lebens der Stadt. Der Personalbestand und das Fächerspektrum müssen deshalb im Interesse der Forschungsfähigkeit der Hochschule, ihrer regionalen Wirkungen und des von ihnen ausge-

---

[98] *Stern/Bethge* (o. Fn. 47), S. 62; W. *Hofmann,* DVBl 1969, 777; O. *Seewald,* Die Verwaltung, Bd. 6 (1973), S. 401.
[99] Perspektiven v. 14. 7. 1987, S. 60.
[100] Bevölkerungsentwicklung und Regierungshandeln (o. Fn. 95), S. 90.
[101] Perspektiven v. 14. 7. 1987, S. 90 f.
[102] Schreiben des Staatssekretärs des MWF vom 26. 6. 1987, S. 2; Perspektiven v. 14. 7. 1987, S. 61; Begründung des EntwHSÄG, S. 12.
[103] Perspektiven der Hochschulentwicklung, Punktation vom 9. 2. 1987, S. 3.

henden Wissenstransfers erhalten bleiben. Das mag zur Unterauslastung im Bereich der Lehre führen, die aber aus regionalen Gründen in Kauf genommen werden muß.

Bei also durchaus akzeptablen Prämissen hat das Land bei der Zusammenstellung des Abwägungsmaterials grob mangelhafte Feststellungen über die tatsächliche Bedeutung der FHS Hagen in der Märkischen Region und in der Stadt Hagen getroffen. Tatsächlich ist die FHS ein unverzichtbarer Bestandteil der Region. Die Region besteht aus Hagen, Ennepe-Ruhr, dem Märkischen Kreis (Lüdenscheid), Teilen von Unna und Teilen des Hochsauerlandes, umfaßt also ca. 1 Mio. Einwohner. 75 % der Studenten der FHS kommen aus der Region, 50 % der Absolventen finden hier ihren Arbeitsplatz. In der Region sind mittlere, z. T. mittelständische Betriebe angesiedelt, für die das Ausbildungsprogramm der FHS passend ist. Deshalb hat die FHS Hagen eine bedeutende Tradition. Der berufliche Ausbildungsstand der Arbeitnehmer ist ohne Zweifel zu einem entscheidenden Produktionsfaktor und Standortvorteil geworden. Gerade eine mittelständisch geprägte, alte Gewerberegion mit schwierigen Umstellungsprozessen bedarf einer leistungsfähigen Bildungsinfrastruktur. Die FHS bemüht sich seit jeher, die regionalen Unternehmen auf dem Wege des Technologietransfers an ihren Forschungsergebnissen teilhaben zu lassen[104]. Die FHS Hagen hat im Laufe der Jahre viele Formen der Zusammenarbeit mit Industrie und Wirtschaft, Kommunen und Wohlfahrtsverbänden entwickelt[105]. Zu erwähnen sind hier nur der Technische Beratungsdienst NRW, die Forschungstransferstelle, die Vermittlungsstelle für Sozialarbeitsforschung, die Hagener Bauseminare, Beratungs- und Gutachtertätigkeit der Professoren, Prüf- und Untersuchungstätigkeit der Laboratorien u. a.

Hervorzuheben ist die besondere Verflechtung der FHS Hagen mit dem Märkischen Kreis[106]. Rund ein Drittel der Studentenschaft der FHS Hagen stammt direkt aus dem Märkischen Kreis. Die Besonderheiten der Wirtschaftsstruktur erzwingen eine Fortführung der fruchtbaren Kooperation mit der FHS Hagen. Die metall- und stahlverarbeitenden Firmen des Kreises sind mittelständisch geprägt. Es sind gerade die kleinen und mittleren Unternehmen, denen es vielfach am notwendigen betriebswirtschaftlichen und technischen Know-how bzw. an eigenen For-

---

[104] Vgl. Stellungnahme der IHK vom 26. 1. 1988.
[105] Senatsstellungnahme, LTDrS 10/2599, S. 10.

II. Inhaltliche Überprüfung des EntwHSÄG

schungs- und Entwicklungsaktivitäten mangelt. Das Transferangebot der wissenschaftlichen Einrichtungen der FHS Hagen orientiert sich zunehmend an den Bedürfnissen der mittelständischen Wirtschaft und wird von dieser gesucht und genutzt.

Nicht zur Kenntnis genommen haben Landesregierung und Gesetzgeber die Rolle der FHS Hagen als Faktor in der Hagener Stadtentwicklungspolitik. Die Stadt Hagen gehört mit einer Arbeitslosenquote von 14,2 % zu den am stärksten benachteiligten Städten des Landes. Sie würde ein Potential von ca. 2.500 Studenten und ca. 300 Bediensteten verlieren, die hier etwa zur Hälfte wohnen, einkaufen und das Leben der Stadt mitgestalten[107]. Kulturelle Angebote, besonders für junge Menschen, würden eine wesentliche Basis verlieren. Hagen wäre nicht mehr Studentenstadt und müßte einen wesentlichen Verlust seines Ansehens hinnehmen.

Es ist ein Irrtum anzunehmen, die vorhandenen Regionalbezüge der FHS Hagen bezögen sich zu einem erheblichen Teil auf den Iserlohner Raum und könnten ohne weiteres von der dortigen Abteilung der FHS Hagen auch im organisatorischen Verbund mit der FHS Dortmund weitergepflegt werden[108]. Gerade vom FB Sozialwesen geht eine besonders intensive regionale Verflechtung aus[109]. Hierzu sind folgende Maßnahmen zu berücksichtigen:

- Das Hagener Modell der Haftentlassungshilfe;
- Seminare zur Obdachlosenhilfe;
- Gesprächstherapie in Altenheimen;
- Der Behindertenstadtführer der FHS Hagen;
- Jugendarbeit im Stadtteil Altenhagen.
- Von den 85 Sozialarbeitern der Stadt Hagen sind ca. 40 % Absolventen der FHS Hagen.
- Bei den freien Verbänden der Wohlfahrtspflege sind allein in Hagen weitere 30 Sozialarbeiter beschäftigt, die weitgehend aus der FHS Hagen stammen.

---

[106] Stellungnahme des Märkischen Kreises vom 22. 1. 1987.
[107] Stellungnahme der Stadt Hagen vom 28. 1. 1988.
[108] So aber Perspektiven, Kabinettsfassung, S. 67.
[109] Stellungnahme des Fördervereins Hochschulen im Märkischen Raum e. V. vom 2. 2. 1988.

44 B. Überprüfung des EntwHSÄG auf seine Verfassungsmäßigkeit

Der FB Sozialwesen hat eine Dokumentation vorgelegt, die Verflechtungsmaßnahmen ausweist, welche das Land nicht zur Kenntnis genommen hat[110]. Diese Dokumentation zeigt, daß ein festgeknüpftes Netz der Verflechtung zwischen Fachbereich und Region entstanden ist. Zu den bereits genannten Bemühungen kommen noch hinzu:

— Das Projekt „Werkhof Hohenlimburg";
— Sozialhilfeberatung;
— Ausländerintegration;
— Das Projekt „Gerechte Chancen für Kinder";
— Projekt „Neue Armut in Hagen";
— Medienzentrum;
— Projekt „Türkische Sprache und Kultur";
— Weiterbildungsstudium der Supervision.

Die regionale Dokumentation für Sozialarbeit/Sozialpolitik ist bereits heute in dem schwer überblickbaren Gebiet eine unentbehrliche Informationsstelle für Forschung, Lehre und Praxis[111]. Vergleichbares gilt für den Regionalbezug des ebenfalls von der Schließung bedrohten FB Bauingenieurwesen. Eine Umfrage bei 256 Bauingenieurabsolventen der letzten Jahre[112] hat ergeben:

— 95 % der Absolventen sind im „natürlichen Einzugsbereich" der FHS Hagen beheimatet.
— 80 % der Absolventen sind in der Region berufstätig.
— Bei nahezu 50 % der Absolventen ist der Heimatort mit dem Beschäftigungsort identisch.
— Damit hat sich die Richtigkeit des Regionalisierungskonzepts herausgestellt.
— Behörden, Ingenieurbüros und Baufirmen der Region befriedigen ihren Bedarf an Nachwuchsingenieuren aus ihrer regionalen Fachhochschule.

Die Untersuchung führt damit zu dem Ergebnis, daß der Gesetzgeber bei der Standortplanung leicht erreichbare und unbezweifelbare Daten

---

[110] Schließung des FB Sozialwesen Hagen – eine Perspektive für die Hochschulentwicklung? vom Juli 1987 mit Anhang I: Einrichtungen und Projekte: Die Bedeutung des FB Sozialwesen für die Region und Anhang II: Forschungsplanung; Regionale Dokumentationsstelle für Sozialarbeit und Sozialpädogogik.
[111] Vgl. Anlage II, S. 14 ff.
[112] Vgl. Bericht des FB Bauingenieurwesen vom 11. 1. 1988.

II. Inhaltliche Überprüfung des EntwHSÄG

über Regionalbezug und regionale Versorgungsaufgabe der FHS Hagen nicht berücksichtigt hat. Die Entscheidung des EHSÄG beruht insoweit auf einem Abwägungsdefizit und verstößt damit gegen das rechtsstaatliche Gemeinwohlprinzip. § 1 EHSÄG ist verfassungswidrig und nichtig.

c) Kapazitätsplanung

Der Gesetzgeber stützt seine Absicht, die FHS Hagen zu schließen, in erster Linie auf landesweite Kapazitätsgesichtspunkte. Die Nachfrage nach Studienplätzen am Standort Hagen – mit Ausnahme der Elektrotechnik – ließe nach; die dort angebotenen Studiengänge verlören an Attraktivität. Außerdem gehe der Bedarf von Wirtschaft und Gesellschaft an Sozialarbeitern/-pädagogen, Bauingenieuren und Architekten zurück. Diese Prognose ist – vor allem, was die Nachfrage nach Studienplätzen der FHS Hagen angeht – evident fehlerhaft, wie im einzelnen dargelegt werden kann.

Der Gesetzgeber orientiert sich bei Planungsentscheidungen in erster Linie an Bedarfs- und Nachfrageüberlegungen im Hinblick auf Studienplätze. Dagegen ist – wie unter A. dargelegt wurde – aus verfassungsrechtlichen Gründen der Berufsfreiheit wenig einzuwenden. Zwar ist es wünschenswert, daß bei der Hochschulplanung auch andere Gesichtspunkte berücksichtigt werden. Da die Hochschulen insbesondere einen wesentlichen Beitrag zur technologischen, ökonomischen und ökologischen Erneuerung des Landes leisten, wäre eine Zuweisung von Personal- und Sachmitteln auch über das für die Ausbildung unbedingt Erforderliche hinaus sinnvoll. Vieles müßte in die Verbesserung der Ausbildungsqualität und in die Erweiterung der Forschungsmöglichkeiten investiert werden. Jedoch bleibt es insoweit zunächst bei Lippenbekenntnissen

- etwa die Öffnungspolitik solle fortgesetzt werden[113];
- zuerst solle die Überlastquote abgebaut werden[114];
- es solle von den Personalrichtwerten der Kapazitätsverordnung Abstand genommen und die Werte des Wissenschaftsrates von 1977 zugrunde gelegt werden, in welchem Falle sich bei vielen Hochschulen ein Personalfehlbestand ergebe[115].

---
[113] Perspektiven der Hochschulentwicklung vom 5. 11. 1986.
[114] Perspektiven vom 9. 2. 1987, S. 3; Perspektiven vom 14. 7. 1987, S. 53 f.

B. Überprüfung des EntwHSÄG auf seine Verfassungsmäßigkeit

Gegen diese Prioritätensetzung, es trotz dieser wünschenswerten Planungsrichtlinien einstweilen doch bei der bedarfs- und nachfrageorientierten Planung vorwiegend unter Ausbildungskriterien zu belassen, ist aus verfassungsrechtlichen Gründen nichts einzuwenden: insofern ist der Gesetzgeber im dargestellten Rahmen frei, die politischen Ziele zu setzen.

Innerhalb dieser Zielsetzung orientiert der Gesetzgeber sich an Bedarfsgesichtspunkten[116]. Es würden, was die FHS Hagen im besonderen betrifft, zu viele Architekten ausgebildet[117].

Sodann zieht der Gesetzgeber Nachfrageüberlegungen heran[118]. Bei allen diesen Nachfrageerörterungen spielt die demographische Entwicklung der Wohnbevölkerung und die sich ergebende Entwicklung der Studienanfängerzahlen bis in das Jahr 2000 hinein eine entscheidende Rolle. Das Ministerium für Wissenschaft und Forschung geht auf der Basis der Prognosen der Kultusministerkonferenz, einem von jetzt 33 % auf etwa 38 % anwachsenden Anteil der Hochschulzugangsberechtigten am entsprechenden Altersjahrgang, einer Übergangsquote von der Schule zur Hochschule von etwa 65 %, einem gleichbleibenden Anteil der Abiturienten an den Studienanfängerzahlen und einem gleichbleibenden Anteil von Studienanfängerzahlen aus anderen Bundesländern und aus dem Ausland, davon aus, daß im Jahre 2000 die Studienanfängerzahl der FHS Hagen gegenüber dem jetzigen Stand um 30 % abnehmen werde[119].

Die Prognosen des Gesetzgebers halten jedoch einer Überprüfung weder in Bezug auf Nachfrage- noch im Hinblick auf Bedarfsgesichtspunkte stand. Das gilt zunächst für die Prognose der Nachfrage nach Studienplätzen am Standort Hagen. Tatsächlich steigen die Studienbe-

---

[115] Perspektiven vom 14. 7. 1987, S. 53 f.

[116] Perspektiven vom 5. 11. 1986, S. 7; Perspektiven vom 2. 2. 1987, S. 2, 4; Perspektiven vom 14. 7. 1987, S. 64; Bevölkerungsentwicklung und Regierungshandeln, S. 88; Anlage zum Schreiben des MWF vom 31. 10. 1986, S. 6; gemeinsame Stellungnahme des MWF und des Präsidenten des Landesarbeitsamtes.

[117] Stellungnahme des MWF vom 12. 1. 1988.

[118] Perspektiven vom 9. 2. 1987, Anhang: Erläuterung der demographischen Daten; Perspektiven vom 2. 2. 1987; Stellungnahme des MWF vom 12. 1. 1988.

[119] Perspektiven vom 2. 2. 1987 und vom 9. 2. 1987; Perspektiven vom 14. 7. 1987, S. 42 f.; vgl. vor allem die demographischen Daten als Anlage zum Schreiben des MWF vom 31. 10. 1986; Einbringungsrede des MWF, Plenarprotokoll 10/63, S. 5560.

II. Inhaltliche Überprüfung des EntwHSÄG

werber- und -anfängerzahlen, die in den vergangenen Jahren rückläufig waren, wieder an.

- Anlage 1 zeigt die Bewerberzahl und Kapazitätszahl in einigen Studiengängen an einigen Hochschulen des Landes (darunter FHS Hagen) sowie auf Landesebene;
- Anlagen 2 – 5 stellen den Befund graphisch dar;
- Anlage 6 stellt die Entwicklung der Studienanfängerzahlen in den Studiengängen des Standortes Hagen in den letzten Jahren graphisch dar;
- Anlage 7 zeigt einen Vergleich zwischen Studienanfänger- und Bewerberzahlen.

Der Vergleich der Bewerberzahlen mit den tatsächlichen Studienanfängerzahlen zeigt, daß die Erstbewerberzahlen insgesamt in der Regel viel größer sind als die tatsächlichen Studienanfängerzahlen und daher wenig über die Nachfrage aussagen. Das gegen die FHS Hagen vorgebrachte Argument, Hagen habe eine geringere Nachfrage und lebe bei dem auch von der Landesregierung anerkannten Wiederanstieg der Studienanfängerzahlen von den Studienanfängerzuweisungen der Zentralen Verteilungsstelle Dortmund, ist also angreifbar. Eine richtige Prognose muß davon ausgehen, daß die Kapazität der FHS Hagen in allen Fachbereichen auf weitere Jahre nachgefragt werden wird.

Ferner ist folgendes zu bedenken. Die Feststellung, daß die Studienanfängerzahlen in Hagen bereis um 30 % zurückgegangen seien und die Prognose, daß diese Entwicklung sich fortsetzen werde, kommen dadurch zustande, daß im willkürlich herangezogenen Vergleichssemester 1983/84 die Studienanfängerzahlen im Vergleich zum langjährigen Mittel auch landesweit noch sehr hoch lagen[120] und im Semester 1986/87 auch landesweit ein Tiefpunkt erreicht war, den die Entwicklung bereits verlassen hat[121]. Diese Entwicklung ist nicht auf die FHS Hagen beschränkt und hat die Landesrektorenkonferenz zu der Feststellung veranlaßt, die Annahme, die Studienanfängerzahlen an den Fachhochschulen würden Anfang der 90er Jahre deutlich zurückgehen, lasse sich nicht halten[122]. Selbst wenn man davon ausgeht, daß die Studienanfän-

---

[120] Vgl. Anlage 6.
[121] Vgl. Anlage 6.
[122] Fachhochschulrektorenkonferenz in Gießen vom 20./21. 10. 1987, Schreiben des Rektors der FHS Hagen an den MWF vom 28. 10. 1987.

gerzahlen zurückgehen werden, ist nicht bekannt, wie sich dieser Rückgang auf die einzelnen Studiengänge verteilen wird. Es ist eine durch nichts begründete Annahme, daß ein Nachfrageschwund gerade die gefährdeten Fachbereiche betreffen wird. Dabei bleiben vor allem gegenläufig wirksame Einflüsse aus dem wirtschaftlichen und gesellschaftlichen Raum unberücksichtigt, welche die Nachfrage nach Studienplätzen beträchtlich beeinflussen können[123]. Unberücksichtigt ist auch die Feststellung, daß 90 % Auslastung bereits als volle Auslastung gelten muß und die Betreuungswerte von der Überlastquote ausgehen, die dringend der Reduzierung bedarf[124].

Auch die Bedarfsüberlegungen des Gesetzgebers sind anfechtbar. Er geht davon aus, daß insbesondere die Studiengänge Architektur und Bauingenieurwesen reduziert werden müßten. Das Betriebswirtschaftliche Institut der Westdeutschen Bauindustrie (BWI Bau) hat bereits im Jahre 1985 nachgewiesen, daß bis zum Jahre 1988/89 der Bedarf an Bauingenieurabsolventen mit der Abschlußqualifikation einer Fachhochschule nicht gedeckt werden kann[125]. Erst recht kommt heute der Hauptverband der Deutschen Bauindustrie in seiner neuesten Untersuchung zu dem Ergebnis, daß in den 90er Jahren einem jährlichen Bedarf von 4.000 Bauingenieuren lediglich 3.000 Absolventen gegenüberstehen. Der Verband wird daher eine Werbeaktion für das Studium des Bauingenieurs beginnen[126].

Da der Gesetzentwurf mithin auf einer offensichtlich mangelhaften Prognose insbesondere der zukünftigen Nachfrage nach Studienplätzen am Standort Hagen beruht, ist auch in Bezug auf die Kapazitätsplanung von einem Verstoß gegen das rechtsstaatliche Gemeinwohlprinzip auszugehen. § 1 HSÄG ist insoweit verfassungswidrig und nichtig.

d) Aufgabenplanung

Die FHS Hagen hat Aufgaben in Lehre und Forschung; außerdem fördert sie die Weiterbildung (§ 2 IV HRG, § 3 II FHSG) und erfüllt son-

---

[123] Stellungnahme des Rektors zur Entwicklung der FHS Hagen vom 24. 2. 1987, S. 2.
[124] Perspektiven vom 14. 7. 1987, S. 54; Stellungnahme des MWF vom 12. 1. 1988.
[125] LTDrS 10/2599, S. 6.
[126] LTDrS 10/2599, S. 6.

II. Inhaltliche Überprüfung des EntwHSÄG

stige Aufgaben im Dienste von Forschung und Lehre sowie der Gesellschaft. Die Landesregierung will nach ihren eigenen Bekundungen Innovationen, neue Studiengänge, die wissenschaftliche Weiterbildung, den Technologietransfer fördern. Dieser Konkretisierung des Gemeinwohls entsprechen Aufgabenerfüllung und -planung der FHS Hagen in so hohem Maße, daß die einzig richtige Entscheidung dahingehen muß, die FHS Hagen zu erhalten. Die Absicht, die FHS zu schließen, enthält einen offensichtlichen Fehler der Bewertung jener Belange, die für die Erhaltung von Hagen sprechen.

Die Landesregierung will an den Fachhochschulen die Forschung besonders fördern. Sie will von einem vornehmlich ausbildungsorientierten Ausbau der Hochschulen abrücken[127]. Sie will Innovation fördern und betrachtet die Förderung von anspruchsvoller und Spitzenforschung als einen Motor zur Entwicklung neuer Studiengänge. Sie will die Studienbedingungen durch die Verbesserung der Relation von Lehrenden und Lernenden besser gestalten. Dazu gehört das Angebot neuer inhaltlicher Studienangebote für neue akademische Berufe[128]. Ferner will die Landesregierung die Förderung des wissenschaftlichen Nachwuchses intensivieren. Die Hochschulen sollen auch bei stagnierenden oder zurückgehenden Ausbildungsaufgaben in der Lage sein, ohne Erhöhung des zukünftigen Dauerbedarfs kontinuierlich Nachwuchswissenschaftler dauerhaft an sich zu binden, um der Gefahr der Erstarrung des Systems zu begegnen[129]. Letztlich sollen die Hochschulen personell und sachlich in der Lage sein, Weiterbildungsangebote zu entwickeln und anzubieten[130]. Auf diesem Gebiet befinden sie sich in Konkurrenz mit einer Vielzahl privater und kommunaler Anbieter. Hier werden die Hochschulen die Gelegenheit haben, durch die Erhebung von Gebühren zu ihrer eigenen Finanzierung beizutragen.

Dieses Planungskonzept zeichnet sich durch eine zukunftsorientierte, dynamische Sicht der Entwicklung des Hochschulwesens aus. Ihr entspricht das, was an Neuerungen in der FHS Hagen bereits ins Werk gesetzt bzw. in Angriff genommen wurde. Das gilt für alle Aufgabenfelder: Forschung, Lehre, Weiterbildung, Dienstleistungen.

---

[127] Perspektiven vom 9. 2. 1987, S. 3.
[128] Bevölkerungsentwicklung und Regierungshandeln, S. 89.
[129] Bevölkerungsentwicklung, S. 90.
[130] Bevölkerungsentwicklung, S. 90.

50   B. Überprüfung des EntwHSÄG auf seine Verfassungsmäßigkeit

Das gilt zunächst für die Forschung. Alle Fachbereiche befinden sich in der Umwandlung zugunsten zukunftsträchtiger Forschungs- und Entwicklungsgebiete. Das gilt zunächst für den nicht gefährdeten FB Physikalische Technik in Iserlohn. Hier wurde 1984 der Forschungsschwerpunkt „Oberflächentechnik/Korrosionsschutz" eingerichtet. Das entspricht der Schwerpunktsetzung der Landesregierung, die Elektrochemie und Oberflächenforschung für besonders förderungswürdig hält[131]. Die Einrichtungen des Wahlpflichtblocks „Biotechnologie" im Jahre 1987 wird zweifellos Forschungsaktivitäten nach sich ziehen, welche von der Landesregierung als vorrangig erklärt worden sind[132]. Auf längere Sicht ist die Gründung eines medizinisch-technischen Instituts geplant.

Neue Entwicklungen gibt es auch im FB Maschinenwesen in Iserlohn. Ausweislich einer Studie der Südwestfälischen Industrie- und Handelskammer Hagen ist in der Region die kunststoffverarbeitende Industrie außerordentlich stark vertreten. Die Kooperation mit der FHS Hagen wird stark gewünscht. Der FB Maschinenbau hat daher beschlossen, die Umwidmung einer zweiten Professorenstelle für den Bereich der Kunststofftechnik zu beantragen. Der Antrag ist allerdings am 15. 5. 1987 einstweilen abgelehnt worden[133].

Im FB Elektrotechnik am Standort Hagen werden die Bereiche Automatisierungstechnik gestärkt werden. Geplant ist ein Aufbau von Entwicklungsmöglichkeiten regenerativer Energietechnik (Wasserstofftechnik), welcher sich in Kooperation mit dem FB Physikalische Technik bewerkstelligen ließe.

Der FB Bauingenieurwesen hat früher als andere Fachbereiche Bauingenieurwesen EDV in die Lehre eingeführt. Das führte zu einer Schwerpunktbildung im Bereich der Bauinformatik (als Schwerpunkt beim MWF beantragt)[134]. Fragen des Umweltschutzes beim Bauen werden besonders gefördert.

Der FB Architektur ragt nicht nur in der Forschung hervor, sondern erfährt sein besonderes Gepräge dadurch, daß er als einziger Studien-

---

[131] Perspektiven vom 14. 7. 1987, S. 25, 26; Stellungnahme der FHS Hagen vom 15. 10. 1987.
[132] Perspektiven vom 14. 7. 1987, S. 23; Stellungnahme der FHS Hagen vom 15. 10. 1987.
[133] Stellungnahme der FHS Hagen vom 28. 10. 1987; LTDrS. 10/2599, S. 9.
[134] LTDrS. 10/2599, S. 14.

II. Inhaltliche Überprüfung des EntwHSÄG

gang in NRW den EG-Architektur-Richtlinien entspricht. Trotz einer nur siebensemestrigen Ausbildung führt der Studiengang zu voller Anerkennung, wozu an anderen Fachhochschulen 4 Jahre benötigt werden[135].

Der FB Sozialwesen schließlich hat durch die Schaffung der Dokumentationsstelle für Sozialarbeit/Sozialpolitik die Möglichkeit geschaffen, Forschungsvorhaben zur Qualifikation und zum Qualifikationswandel in der Sozialarbeit wie zu Fragestellungen zu Theorie und Praxis der Sozialarbeit/Sozialpolitik mit Daten auszustatten[136].

Die FHS Hagen hat auch ins Auge gefaßt, interdisziplinäre Forschungsschwerpunkte einzurichten, in denen Forschung und Entwicklung in größerem Umfange betrieben werden kann.

In vergleichbarer Weise hat die FHS Hagen ihren Studienbereich innovativ und kreativ ausgebaut und umgestaltet. Der Senat der FHS hat in seiner Stellungnahme[137] 10 Studiengänge und Zusatzangebote aufgeführt, die z. T. genehmigt, z. T. allerdings nicht genehmigt wurden:

- Bauingenieurwesen mit Praxissemester
- Architektur mit Praxissemester
- Erhaltung und Modernisierung von Bauwerken
- Baudenkmalpflege
- Bauinformatik und Bauen im Umweltschutz
- Regenerative Energietechnik
- Zusatzstudium Supervision
- Biotechnologie
- Korrosionsschutztechnik
- Produktionstechnik.

Die Landesregierung hat die Möglichkeit, durch Genehmigung zur steigenden Attraktivität der Hochschule beizutragen. Die FHS geht davon aus, daß diese neuen Studienangebote mehr Studienanfänger als bisher anziehen werden. Die FHS ist auch in konkrete Planungen eingetreten, inwieweit Studiengänge/-richtungen mit geringer Lehrnachfrage, aber ähnlicher fachlicher Richtung, zu neuen größeren organisatorischen Einheiten zusammengefaßt werden können, um den rationellen Einsatz von Personal und Mitteln zu fördern[138]. Insbesondere die Stu-

---

[135] Stellungnahme des FB Architektur der FHS Hagen vom 25. 1. 1988.
[136] Stellungnahme des FB Sozialwesen vom Juli 1987 mit Anlagen.
[137] LTDrS. 10/2599, S. 7 f.
[138] Stellungnahme des Rektors vom 24. 2. 1987.

diengänge Architektur und Bauingenieurwesen erhalten einen neuen organisatorischen Rahmen. Der FB Sozialwesen zeichnet sich in der Lehre durch eine enge Verflechtung der Projektstudien mit den verschiedenen Praxisfeldern der Region aus[139].

Der Bereich Weiterbildung und Dienstleistungen, insbesondere der Technologietransfer, zeigen an, in welch enger Weise die FHS Hagen mit der Region verflochten ist:

- Hochschulangehörige haben in der Umgebung neue Firmen gegründet;
- durch das Know How der Hochschule wird der Bestand von Unternehmen gesichert;
- die Existenz der Hochschule ist Bleibeargument für anderenfalls abwandernde Firmen;
- die Hochschule ist ein Ansiedlungsargument für neue Firmen;
- die Forschungstransferstelle der FHS ist wichtigstes Verbindungsglied zwischen Theorie und Praxis von Forschung und Entwicklung.

Seit 1987 hat die erste Regionalstelle der Technologieberatungsstelle beim DGB NRW in Südwestfalen mit Sitz in Hagen die Arbeit aufgenommen. Es ist insbesondere der gefährdete FB Sozialwesen, der ein umfangreiches, vielfach nachgefragtes Beratungs- und Dienstleistungsangebot für Kommunen, Institutionen und freie Träger bereithält[140]. Große Bemühungen um den Technologietransfer unternehmen auch die Technischen Fachbereiche. Der Jahresbericht des Technischen Beratungsdienstes der FHS Hagen für den Zeitraum vom 1. Januar 1987 bis 31. Dezember 1987 vom 10. Januar 1988 weist aus, daß im Berichtszeitraum 55 Anfragen bearbeitet worden sind. Damit befindet sich die FHS Hagen im Vergleich mit vergleichbaren Hochschuleinrichtungen auf dem 3. Rang[141]. Ein Mittel des Technologietransfers ist vor allem die Weiterbildung. Hier arbeitet die FHS Hagen aufgrund der engen Verflechtung in der Region und der guten Übersicht über den Weiterbildungsbedarf mit allen anderen Trägern der Weiterbildung eng zusammen.

---

[139] LTDrS. 10/2599, S. 14.
[140] LTDrS. 10/2599, S. 15; Denkschrift des FB Sozialwesen vom Dezember 1987, S. 7 f.
[141] Jahresbericht, S. 3.

II. Inhaltliche Überprüfung des EntwHSÄG 53

Das Ergebnis der Überprüfung des § 1 EntwHSÄG im Hinblick auf den Aufgabenbereich ist, daß in die Gemeinwohlerwägungen falsch bewertete Annahmen über die Forschungs-, Lehr- und Dienstleistungsarbeit der FHS Hagen eingeflossen sind. Es liegt ein Verstoß gegen das rechtsstaatliche Gemeinwohlprinzip vor. Die Norm ist verfassungswidrig und nichtig.

e) Ausstattungsplanung

Wenngleich der Gesetzgeber und die gesetzesvorbereitende Landesregierung vorgeben, kein „fiskalisches Sparkonzept" zu verfolgen, ist doch offensichtlich, daß die Schließung der FHS Hagen auch der Einsparung von Mitteln dienen soll[142].

Aus Gründen der Kosteneindämmung sollen Schwerpunkte gebildet werden. Die Landesregierung geht davon aus, daß für Umbaumaßnahmen zur Fortführung der Fachbereiche Architektur und Bauingenieurwesen Aufwendungen in Höhe von mindestens 8 Mio. DM erforderlich sein werden. Dabei hat die Landesregierung unberücksichtigt gelassen, daß die FHS in Bezug auf diese beiden Fachbereiche Alternativvorschläge vorgelegt und auch im übrigen Maßnahmen zur Kosteneinsparung vorgelegt hat. Wegen der Nichtberücksichtigung dieser Gesichtspunkte leidet der Abwägungsvorgang an einem Proportionalitätsmangel: Die Entscheidung ist abwägungsdisproportional.

Zunächst läßt die Landesregierung außer Betracht, daß die Ausgaben für die FHS Hagen gleichzeitig Beiträge zur regionalen Wirtschaftsförderung, zur Landesentwicklung und in vielen Fällen auch zur Kunst- und Kulturförderung darstellen[143]. Sodann ist nicht berücksichtigt worden, daß die Hochschule durch die Einwerbung von Drittmitteln zur Finanzierung beiträgt. Unberücksichtigt gelassen hat die Landesregierung auch, daß die FHS Hagen vorgeschlagen hat, Studiengänge und Studieneinrichtungen zusammenzufassen, um zu größeren organisatorischen Einheiten zu gelangen, d. h. einen rationellen Einsatz des Personals zu bewerkstelligen, die Probleme der Mindestausstattung zu lösen und Kapazität für neue Aktivitäten freizusetzen[144].

---
[142] Bevölkerungsentwicklung und Regierungshandeln, S. 91.
[143] Wie sie in Perspektiven vom 14. 7. 1987, S. 63 richtig erkennt.
[144] Stellungnahme des Rektors vom 24. 1. 1987, S. 4.

54 B. Überprüfung des EntwHSÄG auf seine Verfassungsmäßigkeit

Die FHS hat – in derselben Intention – auch vorgeschlagen, ausstattungsmäßig neue zentrale wissenschaftliche Einrichtungen zu bilden
- für Naturwissenschaft/Mathematik,
- für Informatik,
- für bestimmte Grundlagenfächer[145].

Damit ist die FHS gewillt und in der Lage, einen bedeutsamen Beitrag zur Steigerung der Effektivität und Sparsamkeit zu leisten.

Die Landesregierung begründet ihre Schließungsabsicht auch damit, daß für eine ordnungsgemäße Weiterführung des Studienganges Bauingenieurwesen erhebliche Investitionen erforderlich seien. Tatsächlich hat die Schließung des FB Maschinenbau im Jahr 1982 das Problem einer neuen Nutzung der im Hauptgebäude der FH dadurch frei gewordenen Flächen aufgeworfen. Seit 1962 wurde ein Neubau für die Fachbereiche Architektur und Bauingenieurwesen geplant. 1975 sollte der Neubau auf dem Gelände, auf dem die Fernuniversität baute, begonnen werden. In enger Zusammenarbeit mit dem MWF wurde nach der Konzentrationsmaßnahme 1982 der Umbau des Hauptgebäudes für die beiden Fachbereiche Architekur und Bauingenieurwesen geplant. Der Umbau wäre eine Ersatzmaßnahme für den versprochenen Neubau gewesen. Die Landesregierung hat sich noch 1986 dafür eingesetzt, daß die Umbaumaßnahme in den Hochschulrahmenplan mit einem Betrag von nahezu 8 Mio. DM aufgenommen wurde. Ungeachtet dessen hat der FB Bauingenieurwesen Alternativen entwickelt und vorgeschlagen[146]. Dadurch sind erhebliche Einsparungen möglich geworden, jedoch bei der Ausarbeitung des Gesetzentwurfs unberücksichtigt geblieben.

Der Gesetzgeber hat bei seiner Entscheidung für die Schließung der FHS Hagen die betroffenen Belange in Bezug auf die Ausstattungsplanung und den erforderlichen Finanzbedarf in unverhältnismäßiger Weise gegeneinander abgewogen. Damit hat er gegen das rechtsstaatliche Gemeinwohlprinzip verstoßen. § 1 HSÄG ist wegen Verstoßes gegen Art. 2 GG verfassungswidrig und nichtig.

---

[145] Stellungnahme des Rektors, S. 4.
[146] LTDrS. 10/2599, S. 11.

II. Inhaltliche Überprüfung des EntwHSÄG

f) Ausgleich für den Verlust der FHS Hagen durch die Fernuniversität Hagen sowie die Standorte Iserlohn, Bochum und Dortmund

Die Prognose des Landtages und der gesetzesvorbereitenden Landesregierung, der Verlust der FHS Hagen für Stadt und Region könne durch die Fernuniversität Hagen, die Fachhochschulen Bochum und Dortmund und die „Märkische Hochschule" Iserlohn ausgeglichen werden[147], ist offensichtlich fehlerhaft.

Das gilt zunächst für die Fernuniversität Hagen. Ihr Ausbau ist keine Kompensation für die Aufhebung der FHS[148]. Es handelt sich nicht um eine Präsenzhochschule, sondern um eine „Universität ohne Studenten", die im wesentlichen überregionale, bundesweite Aufgaben hat[149]. Die Fernuniversität muß unabhängig von der weiteren Entwicklung der FHS Hagen großzügig ausgebaut werden. Zu beachten ist auch, daß die Fernuniversität keine FHS-Studiengänge umfaßt. Es gibt nur Lang- und Kurzstudiengänge, keine integrierten und FHS-Studiengänge.

Auch die Abteilung Iserlohn kann die Regionalaufgaben der FHS Hagen nicht erfüllen. Zunächst ist zweifelhaft, ob diese Hochschuleinrichtung überhaupt Bestand haben wird. Die Sorge ist nicht unbegründet, daß eine Rumpfabteilung Iserlohn auf Dauer nicht lebensfähig wäre und nur eine Übergangslösung bis zur endgültigen Verschmelzung mit der FHS Dortmund darstellt[150]. Es ist auch ungewiß, ob der FB Elektrotechnik in Iserlohn eine ausreichende Zukunftsperspektive hat[151]. Es besteht vielmehr die Befürchtung, daß die Elektrotechnik ohne den Teilbereich Energietechnik als Fachbereich zu klein und nicht überlebensfähig ist, zumal die Automatisierungstechnik die Verbindung zum Bereich Energietechnik benötigt[152]. Im Hinblick auf den Dortmunder FB Maschinenbau besteht auch Gefahr für den Iserlohner FB Maschinenbau: er könnte aufgehoben werden mit dem Argument, an einer Fachhochschule sollten keine Parallelstudien angeboten werden[153].

---

[147] Schreiben des Staatssekretärs des MWF vom 26. 6. 1987, S. 4.
[148] Stellungnahme der Stadt Hagen vom 28. 1. 1988.
[149] Stellungnahme der Landesrektorenkonferenz vom 15. 1. 1988, S. 5.
[150] Stellungnahme der Stadt Hagen.
[151] Stellungnahme des Märkischen Kreises vom 22. 1. 1988, S. 4.
[152] Stellungnahme der Stadt Iserlohn vom 18. 1. 1988.
[153] Stellungnahme der Stadt Iserlohn vom 18. 1. 1988.

Prognostisch fehlerhaft ist die Annahme, der Hagener FB Elektrotechnik könne nach Iserlohn verlagert werden. In Wirklichkeit ist dieser Umzug praktisch nicht möglich und jedenfalls sehr kostspielig. Zunächst ist festzustellen, daß der FB Maschinenbau einen Teil der für den FB Elektrotechnik vorgesehenen Räume benötigt. Es wird mit Sicherheit eine Überlastung der vorhandenen Seminarräume geben. Für Elektrotechnik stünden allenfalls 63 % des heutigen Raumbestands zur Verfügung. Das reicht nicht aus[154]. Auch können die Laboratorien „Elektrische Maschinen" und „Hochspannungstechnik" nicht nach Iserlohn verlagert werden: dadurch mußte der FB Elektrotechnik an Attraktivität verlieren. Die Verlagerung der Studienrichtung „Elektrische Energietechnik" wäre auch mit erheblichen Investitionen verbunden[155]. Die Studienrichtung „Automatisierungstechnik" hat nur 50 bis 60 Studienanfänger: das ergäbe einen Minifachbereich. Auch würde die Möglichkeit zunichte gemacht, die in Iserlohn freiwerdenden Kapazitäten zugleich für die Korrosionsschutztechnik, die Kunststofftechnik und die Biotechnologie zu verwenden, für die sie dringend benötigt werden[156]. Auch reichen für die Aufnahme des FB Elektrotechnik in Iserlohn weder die Mensakapazität noch die Aufenthaltsräume für die Studenten aus. Für eine Anpassung dieser Räume und der für die Übernahme des FB Elektrotechnik vorgesehenen Räume bedarf es größerer Umbauten, die kostenträchtig sind[157]. Eine Entscheidung für die Verlagerung der Elektrotechnik nach Iserlohn ohne eine sorgfältige Kostenermittlung durch das Staatshochbauamt und ohne Vorliegen eines verbindlichen Finanzierungsplanes entbehrt der planerischen Grundlegung.

Auch in einer anderen Hinsicht ist die Prognose, durch eine Verlagerung der Elektrotechnik nach Iserlohn könnten Kosten gespart werden, grob fehlerhaft. Die Pläne zur Verlagerung könnten nämlich dazu führen, daß die Professoren des Fachbereichs verstärkt von der Möglichkeit vorzeitiger Pensionierung Gebrauch machen, so daß 7 bis 13 Professoren bei Erreichung des 62. Lebensjahres bis zum Jahre 1991 ausscheiden könnten[158]. Diese Pensionierungswelle fiele genau in den Zeitraum, in dem die Vorbereitungen für einen Umzug nach Iserlohn anlaufen müß-

---

[154] Stellungnahme der FHS Hagen vom 15. 10. 1987.
[155] LTDrS. 10/2599, S. 13.
[156] LTDrS. 10/2599, S. 13 f.
[157] Stellungnahme der FHS Hagen vom 15. 10. 1987, S. 2 f.
[158] Stellungnahme der FHS Hagen vom 15. 10. 1987, S. 4.

ten. Da dann weniger als die Hälfte der Professoren für eine Übersiedlung zur Verfügung stünden, wäre eine Verlagerung praktisch obsolet.

Die Fachhochschulen Dortmund und Bochum werden die regionale Versorgungsaufgabe der FHS Hagen nicht übernehmen können. Ihr Einzugsbereich überschneidet sich nur teilweise mit dem der FHS Hagen[159]. Auf die Schwierigkeiten im Bereich Maschinenbau ist bereits hingewiesen worden. Beide Fachhochschulen haben sich im übrigen gegen die Auflösung der FHS Hagen und gegen die Übernahme der dortigen Kollegen ausgesprochen.

g) Alternative: Bildung einer Verwaltungsgemeinschaft zwischen der Fernuniversität und der FHS Hagen

Schließlich leidet das Abwägungsergebnis – Schließung der FHS Hagen – unter einem Verstoß gegen das Verhältnismäßigkeitsprinzip: der Gesetzgeber hat das ebenfalls zur Kostendämpfung geeignete mildere Mittel der Bildung einer Verwaltungsgemeinschaft zwischen den beiden Hagener Hochschulen nicht in Erwägung gezogen. Die Entscheidung entspricht daher nicht dem Gemeinwohlprinzip, das Bestandteil des Rechtsstaatsgrundsatzes ist. Der Grundsatz der Verhältnismäßigkeit besagt, daß die Handhabung eines bestimmten Instrumentes zur Erreichung eines bestimmten Zweckes diesem gegenüber nicht unangemessen sein dürfe, Mittel und Zweck werden miteinander abgewogen. Wenn ein milderes Mittel den in Aussicht genommenen Zweck erfüllt, darf zu einem eingreifenderen nicht gegriffen werden[160].

Die Möglichkeiten der Bildung einer Verwaltungsgemeinschaft hat der Gesetzgeber überhaupt nicht geprüft. Sie sind aber offensichtlich gegeben. Da im Zentralbereich der FHS Hagen ca. 100 (meist nichtwissenschaftliche) Mitarbeiter tätig sind, bietet sich die Gründung einer Verwaltungsgemeinschaft an. Das gilt insbesondere für die folgenden Aufgaben:
– Beihilfeangelegenheiten
– Liegenschaftsverwaltung
– Beschaffungswesen
– Bibliothek

---

[159] Perspektiven vom 14. 7. 1987, S. 67.
[160] *Stern/Bethge* (o. Fn. 47), S. 96.

58   B. Überprüfung des EntwHSÄG auf seine Verfassungsmäßigkeit

- Zentrale Datenverarbeitung
- Druckerei.

2. Verstoß gegen rechtsstaatliche Prinzipien der Selbstbindung des Gesetzgebers

Bisher hat die Untersuchung zu dem Ergebnis geführt, daß die gesetzgeberische Entscheidung in mannigfacher Hinsicht gegen das materielle Rechtsstaatsprinzip in Gestalt der Gemeinwohlkonkretisierung verstößt. Die Frage richtet sich nun darauf, ob auch das rechtsstaatliche Element der Rechtssicherheit verletzt wurde. Die Frage ist insbesondere deshalb angezeigt, weil die Schließung der FHS Hagen u. a. darauf beruht, daß der Gesetzgeber durch die Konzentrationsmaßnahmen von 1982 selbst die jetzt angeblich festzustellende mangelnde Überlebensfähigkeit der FHS Hagen herbeigeführt hat und ferner zu einer punktuellen Schließungsmaßnahme gegriffen hat, die der Einbettung in ein umfassenderes Planungskonzept ermangelt. Die Frage geht dahin, ob die Prinzipien der Systemtreue (a.), der Plangewährleistung (b.), der Kontinuität staatlichen Handelns (c.) und des Vertrauenschutzes (d.) beachtet worden sind. Sie alle sind Ausprägungen der Selbstbindung des Gesetzgebers[161].

Ob und wieweit eine Begrenzung des gesetzgeberischen Handlungsspielraumes durch Vorverhalten verfassungsmäßig geboten ist, ist umstritten[162]. Unbestritten ist, daß das Vertrauen des Bürgers gegenüber der Verwaltung geschützt ist, z. B. bei der Rücknahme und dem Widerruf von begünstigenden Verwaltungsakten[163]. Unbestritten ist auch, daß das Vertrauen auf den Bestand des Gesetzes bei der sog. (echten und unechten) Rückwirkung von Gesetzen geschützt ist[164]. Darüber hinaus gibt es Bestrebungen, Positionen des Bürgers aus Gesetzen durch „vorangegangenes Tun" zu verfestigen. Es geht um verfassungsrechtliche Möglichkeiten, die Befugnis des Gesetzgebers zur Reform und zur zukunftsgerichteten Korrektur durch vorangegangenes Tun einzuschränken. Letztlich

---

[161] *Regine Rausch-Gast* (o. Fn. 87); *Joachim Burmeister*, Zur Wirkkraft des rechtsstaatlichen Übermaßverbotes des Gleichheitssatzes und des Vertrauensschutzprinzips, DÖV 1981, 503 (506).

[162] *Walter Leisner*, Das Gesetzesvertrauen des Bürgers, in: Festschrift für Friedrich Berber, 1973, S. 273 ff.; *Kloepfer*, VVDSTRl 40 (1981), S. 81 f.

[163] *Hartmut Maurer*, Allgemeines Verwaltungsrecht, 5. Aufl., München 1986, S. 217 f.

[164] BVerfGE 30, 392 (402); E 50, 386 (394).

geht es um einen Ausgleich zwischen den sozialstaatlichen Interessen an einer situationsbezogenen Veränderung und Anpassung der Rechtsordnung und dem Interesse des einzelnen an einer gerechten Einzelfallentscheidung, die insbesondere berücksichtigt, worauf der einzelne sich bei Beachtung früheren Verhaltens des Gesetzgebers glaubte einstellen zu dürfen. Werden die gesetzgeberischen Handlungsspielräume durch eine kontinuierliche Verfestigung einmal geschaffener Zustände reduziert? Die genannten Prinzipien – Systemtreue, Planungsgerechtigkeit, Kontinuität, Vertrauensschutz – werden als rechtsstaatsentsprungene Zwischenschicht eigenständiger Verfassungsrechte angesehen[165], die eine Begrenzung staatlicher Gesetzgebung zulassen könnten.

a) Systemtreue

Der Gesichtspunkt der Systemgerechtigkeit, Systemkonformität, Konzeptionsgerechtigkeit gesetzgeberischen Handelns fragt danach, ob Entscheidungen, die erkennbar nur ein Schritt innerhalb eines klar erkennbaren gesetzgeberischen Gesamtkonzepts sind, aus der programmatisch festgelegten Sachgerechtigkeit herausfallen. Hinter der einzelnen gesetzgeberischen Maßnahme wird also nach einem „System" gesucht, das den einzelnen Gesetzgebungsakt lenkt. So könnte etwa gefragt werden, ob sich die beabsichtigte Schließung der FHS Hagen als Organisationsmaßnahme an das Gebot der objektiven System- und Sachgerechtigkeit organisatorischer Veränderungen des gesamten Hochschulsystems des Landes – jedenfalls des Fachhochschulsystems – hält[166].

Staatliche Organisationsakte im Hochschulsektor dürfen nicht willkürlich und ohne zureichende Begründung – etwa um einem plötzlich auftretenden Sparbedürfnis zu entsprechen – punktuell angeordnet werden, sondern müssen sachlich begründet sein und im zusammenhängenden System der Hochschulen des jeweiligen Bundeslandes objektiv vertretbar sein[167]. Letztlich ist das Gebot der Systemtreue nur aus dem materiellen Rechtsstaatsgebot – Gerechtigkeitsprinzip – (Art. 20 GG) und dem Willkürverbot – Gleichheitsgebot – (Art. 3 GG) zu begründen. Rechtsnormen dürfen nicht willkürlich plötzlich etwas anordnen, was im

---

[165] *Lerche*, Übermaß und Verfassungsrecht, Köln 1961, S. 270 f.
[166] *Pitschas* (o. Fn. 18), S. 255.
[167] StGH Baden-Württemberg, DÖV 1981, 694 (695).

B. Überprüfung des EntwHSÄG auf seine Verfassungsmäßigkeit

Gesamtzusammenhang nicht zu erwarten war und nicht gerechtfertigt ist[168]. Damit ist zugleich gesagt, daß Prüfungsmaßstab letztlich Art. 3 GG und die Freiheitsrechte sind[169]. Nach BVerfGE 59, 36 (49) kann eine gesetzliche Regelung nur wegen einzelner Verfassungsbestimmungen, nicht aber unter dem Gesichtspunkt der Systemwidrigkeit als ganzer für verfassungswidrig erklärt werden[170]. Es erscheint gegenüber diesem durchaus traditionellen Ansatz fernerliegend, die „Systemgerechtigkeit" als ein eigenständiges Verfassungsprinzip im Rechtsstaatsprinzip zu verankern[171].

In Anwendung dieser Erkenntnisse erscheint es aber zweifelhaft, ob die beabsichtigte Schließung der FHS Hagen willkürlich ist. Zwar ist es richtig, daß die FHS Hagen in besonderer Weise durch die Konzentrationsmaßnahmen betroffen wird und daß das Planungskonzept, das dahinter steht, sich nicht ohne weiteres erschließt. Immerhin sehen die „Perspektiven zur Hochschulentwicklung" vom 14. 7. 1987, der EntwHSÄG und der Erlaß des MWF vom 12. 1. 1988 weitere Konzentrationsmaßnahmen vor, die FH Bielefeld, die FHS Bochum (Essen), die FHS Bibliotheks- und Dokumentationswesen, die GHS Paderborn, die Universität Dortmund und die Technische Hochschule Aachen betreffend. Es ist zutreffend, daß in keinem dieser Fälle – außer in Hagen – zur Radikalmaßnahme der Schließung gegriffen wird. Die beabsichtigte Schließung der FHS Hagen ist verfahrensfehlerhaft und würde gegen das Rechtsstaatsprinzip – Gemeinwohlprinzip, Verhältnismäßigkeitsgrundsatz – verstoßen, wie nachgewiesen wurde. Willkür kann dem Gesetzgeber jedoch nicht nachgewiesen werden. Die beabsichtigte Schließung ist aus den besonderen Bedingungen der Studienangebote von Hagen und der Nachfrage begründet worden. Diese Bedingungen treffen auf keine andere Fachhochschule zu, so daß ein offensichtlicher Verstoß gegen den Gleichheitsgrundsatz des Art. 3 GG nicht angenommen werden kann.

---

[168] *Reinhold Hotz*, Methodische Rechtsetzung, Zürich 1983, S. 186, 197, 227, 228; *Chr. Degenhart*, Systemgerechtigkeit und Selbstbindung als Verfassungspostulat, 1976, S. 32 f., 106 f.; *Franz-Joseph Peine*, Systemgerechtigkeit, die Selbstbindung des Gesetzgebers als Maßstab der Normenkontrolle, Baden-Baden 1985, S. 255 f.

[169] *Kunig* (o. Fn. 50), S. 340, 420; *Rausch-Gast* (o. Fn. 87), S. 108.

[170] Ebenso *Peine* (o. Fn. 168), S. 300.

[171] *Kunig* (o. Fn. 50), S. 420.

b) Plangewährleistung

„Essentiell" gehört die gesetzgeberische Maßnahme zur Hochschulgesamtplanung des Landes. Sachlich hätte sie in einen ordentlichen Hochschulgesamtplan aufgenommen werden müssen, der unter ordentlicher und langfristig vorgesehener Mitwirkung der Hochschulen hätte beschlossen werden müssen[172]. Daß dies nicht geschehen ist, macht die Maßnahme jedoch nicht verfassungswidrig. Zwar ist Planung – auch nach der Streichung der Planungsvorschriften aus dem Hochschulrahmengesetz des Bundes wie der Landeshochschulvorschriften – eine wichtige Aufgabe des Sozialstaates, gerade in einem der langfristigen Hege so bedürftigen Aufgabenbereich wie der Wissenschaft. Planung ist jedoch in erster Linie Aufgabe der Regierung und bindet den Gesetzgeber nicht, nur geplante Maßnahmen in Gesetzesform zu beschließen. Auch ist es zwar richtig, daß die FHS Hagen die Konzentrationsmaßnahmen des Jahres 1982 als auf vorhersehbare Zeit die staatliche Planung abschließend ansehen durfte. Jedoch hat offensichtlich die Willensbildung der Landesregierung nicht die für einen konzisen Plan notwendige Verfestigung erfahren, so daß von einem Plangewährleistungsanspruch der FHS Hagen nicht ausgegangen werden kann, selbst wenn man einen solchen Anspruch im Prinzip anerkennen sollte, was nach dem zur „Systemtreue" ausgeführten ohnehin zweifelhaft ist[173].

c) Kontinuität staatlichen Handelns

Weiterhin stellt sich die Frage, ob der für das Land handelnde Gesetzgeber die Kontinuität staatlichen Handelns gewahrt hat. Immerhin hat die Landesregierung im Jahre 1982, als sie die Fachbereiche Wirtschaft und Maschinenbau schloß, versichert, es würden in Zukunft keine weiteren Eingriffe in die FHS Hagen vorgenommen[174]. 1986 und 1987 gab sie erneut Garantieerklärungen ab. Noch am 5. 11. 1986, in der Vorlage der

---

[172] *Karpen*, Abbau (o. Fn. 10), S. 41. Daß das nicht geschehen ist, vielmehr kurzfristig ein Gesetz konzipiert worden ist, macht die Maßnahme als Formenmißbrauch bedenklich; dazu *Pestalozza*, „Formenmißbrauch" des Staates, München 1973.

[173] *Kunig* (o. Fn. 50), S. 420, Fn. 607; *Kloepfer* (o. Fn. 162), S. 82; *Rausch-Gast* (o. Fn. 87), S. 107 f.

[174] Stellungnahme der Stadt Hagen vom 28. 1. 1988.

Perspektiven der Hochschulentwicklung, bekundet der MWF (S. 6): „Ich habe nicht vor, es in wenigen Jahren zu Hochschulschließungen kommen zu lassen".

Darüber hinaus ist zweifelhaft, ob sich das Land nicht mit seinem früheren Verhalten in Widerspruch gesetzt hat, so daß ihm ein venire contra factum proprium vorzuwerfen ist. Die bei der Schließung der Fachbereiche Maschinenbau und Wirtschaft am Standort Hagen 1982 geschaffenen Probleme der Infrastruktur in Hagen sind z. T. Gründe für die jetzige Absicht, die FHS zu schließen[175]. Daß die Landesregierung aus ihrem früheren Verhalten Gründe für die Schließung der FHS Hagen schöpft, ist um so gravierender, als die 1982er-Entscheidungen falsch waren. Die Nachfrage nach Studienplätzen in Maschinenbau und Wirtschaft ist so groß, daß ein landesweiter Numerus Clausus geboten wäre. Es stellt sich in der Tat die Frage, ob und inwieweit es dem Land als Träger der Hochschulen möglich ist, eine Hochschule derart „abzumagern", daß sie – weil unterhalb der „Attraktivitätsgrenze" liegend – um so leichter aufgehoben werden kann[176].

Und auch ein dritter Gesichtspunkt ist zu berücksichtigen, wenn man die Kontinuität des staatlichen Handelns untersucht. Setzt sich die Landesregierung nicht in Widerspruch zu ihren eigenen Hochschulentwicklungsperspektiven, wenn sie einerseits

– die regionale Bedeutung der Hochschulen hervorhebt und zu intensivieren beabsichtigt,

– und die kreative Entwicklung von neuen Forschungsgebieten und Studiengängen fördern will

und andererseits eine Hochschule, die – wie die FHS Hagen – beiden Leitprinzipien in hohem Maße entspricht, schließen will?

In der Tat kann es einen Rechtsstaat ohne eine gewisse auch rechtliche Beständigkeit nicht geben und deshalb ist die Kontinuität staatlichen Handelns auch ein verfassungsrechtliches Schutzgut. Auch der punktuell-maßnahmebezogen handelnde Gesetzgeber, der „verwaltungsnah" handelt, praktisch Aufgaben von Regierung und Verwaltung (in Gesetzesform) wahrnimmt, muß die Prinzipien der Rechtssicherheit, der

---

[175] Stellungnahme der Landesrektorenkonferenz vom 15. 1. 1988, S. 5; Stellungnahme der FHS Hagen vom 15. 10. 1987, S. 5.

[176] *Stern/Bethge* (o. Fn. 47), S. 66 f.

Berechenbarkeit, des Vertrauensschutzes beachten. Er muß Flexibilitäts- und Stabilitätsinteressen abwägen und schonend ausgleichen. Für Flexibilität spricht die vom Gesetzgeber angenommene Notwendigkeit der Anpassung des Hochschulwesens an neue Nachfrage- und Bedarfsbedingungen, für Stabilität die Erhaltung der FHS Hagen. Jede „Änderung" staatlichen Handelns ist nur in den Bahnen der Verfassungsbindung möglich. Das hat vorwiegend mit Rechtssicherheit, aber auch mit materieller Gerechtigkeit zu tun[177]. Insbesondere das Rechtsprinzip des venire contra factum proprium ist im sozialen Rechtsstaat angelegt und gilt nicht nur für die Rechtsausübung des Bürgers[178], sondern auch für die Kompetenzausübung des Staates.

Das Prinzip der Kontinuität staatlichen Handelns kann aber nicht – und braucht es auch nicht – als selbständiges Verfassungsprinzip begründet zu werden. Die Elemente rechtsstaatlicher Rechtssicherheit, die deutlich geworden sind, sind in

– Willkürverbot (Art. 3 GG)
– Verhältnismäßigkeitsprinzip (Art. 2 GG)
– Vertrauensschutzprinzip (Art. 20 GG)

verankert. Es ist schon dargelegt worden, daß die Schließung der FHS Hagen im Ergebnis unverhältnismäßig, jedoch nicht willkürlich ist. Insofern ergeben sich verfassungsrechtlich gegenüber dem schon Dargelegten keine neuen Gesichtspunkte, so daß sich die Prüfung abschließend dem Vertrauensschutzprinzip zuwenden kann.

d) Vertrauensschutz

„Kontinuität" wird gelegentlich sogar als ein mit „Vertrauen" austauschbarer Begriff angesehen[179]. Der Gedanke des Vertrauensschutzes gilt als allgemeines, rechtsstaatliches Prinzip[180]. Das Vertrauensschutz-

---

[177] *Kunig* (o. Fn. 50), S. 416; *Kloepfer* (o. Fn. 162), S. 86; BVerfGE 1, 264 (280); E 50, 177 (193); BVerwGE 35, 159 (162); OVG Münster GewArch. 1976, S. 290 (291); *Lerche*, Übermaß (o. Fn. 165), S. 57; *Gallwas*, Faktische Beeinträchtigungen im Bereich der Grundrechte, Berlin 1970, S. 79; *Burmeister* (o. Fn. 161), S. 506.
[178] *Hans Carl Nipperdey*, in: Enneccerus/Nipperdey, Lehrbuch des Bürgerlichen Rechts, Allgemeiner Teil, 15. Aufl., 2. Halbband, 1960, S. 1442, 1444.
[179] *Kunig* (o. Fn. 50), S. 420.
[180] BVerfGE 1, 264 (280); E 50, 177 (193); BVerwGE 35, 154 (162); OVG Münster GewArch. 1976, 290 (291).

prinzip ist eine Kompensation des normativen Qualitätsverlustes des Gesetzes. Gesetze sind immer weniger langlebige generell-abstrakte Normen, immer mehr kurzatmige Maßnahmen. Der Grundsatz des Vertrauensschutzes sorgt im Ausgleich für eine Beständigkeit staatlichen Handelns auch bei gesetzlicher Diskontinuität[181].

Das gilt – wie an den Vorschriften über die Rücknahme und den Widerruf von Verwaltungsakten deutlich wird – vor allem für das Verhältnis des Bürgers zur Verwaltung[182]. Als verfassungsrechtliche Direktive der Gesetzgebung wird das Vertrauensschutzgebot für Fallgestaltungen relevant, in denen der Gesetzgeber gesetzliche Tatbestände bei objektiver Betrachtung mit einer erweiterten Bestands- und Kontinuitätszusage ausgestattet hat[183]. Die vertrauensbegründende Erstentscheidung des Gesetzgebers muß einen besonderen – über das allgemeine Vertrauen in die Beständigkeit des gesetzgeberischen Handelns hinausgehenden – Vertrauenstatbestand geschaffen haben. Das gilt etwa für Programm- und Planungsgesetze, die von Anfang an auch für weitere gesetzgeberische Akte gelten wollen, sozusagen eine Perspektive über die gerade getroffene Einzelmaßnahme hinaus eröffnen[184]. Die gesetzgeberische Maßnahme, um deren rechtliche Beurteilung es geht, muß ersichtlich und ein Schritt innerhalb eines klar erkennbaren gesetzgeberischen Gesamtkonzepts sein.

Soweit es die beabsichtigte Schließung der FHS Hagen angeht, könnte es sich bei dem vertrauensbegründenden Gesetz allenfalls um die gesetzgeberische Maßnahme 1982 handeln. Es ist aber bereits dargelegt worden, daß es sich auch damals nur um eine punktuelle Maßnahme ungeplanten Charakters gehandelt hat. Sie war nicht geeignet, einen besonderen Vertrauenstatbestand zu begründen. Es wäre – wie ausgeführt – wünschenswert gewesen, Landesregierung und Gesetzgeber hätten sich zu einem geplanten Hochschulkonzept entschließen können; daran hat es jedoch gemangelt, 1982 wie 1986.

---

[181] *Rausch-Gast* (o. Fn. 87), S. 130.
[182] *Hans Uwe Erichsen/Wolfgang Martens*, Das Verwaltungshandeln, in: Erichsen/Martens, Allgemeines Verwaltungsrecht, 7. Aufl., Berlin 1986, § 16, S. 229 f.
[183] *Rausch-Gast* (o. Fn. 87), S. 131.
[184] *Degenhart* (o. Fn. 168), S. 32 ff., 106 ff.; *Kloepfer* (o. Fn. 162), S. 82.

C. Versetzung der Professoren

I. Überblick

Die beabsichtigte Schließung der FHS Hagen hat personelle Konsequenzen. Nach § 1 IV EHSÄG werden die den Fachbereichen Architektur oder Bauingenieurwesen der FHS Hagen zugeordneten Beamten an die Fachbereiche Architektur der FHS Bochum umgesetzt. Die übrigen in der FHS Hagen tätigen Beamten werden an die FHS Dortmund umgesetzt. Angestellte oder Arbeiter werden auf ihren Antrag in die FHS Bochum oder Dortmund übernommen.

Diese Organisationsmaßnahme ist rechtlich unproblematisch in Bezug auf Angestellte und Arbeiter, aus deren Anstellungsverhältnissen und Arbeitsverträgen sich die Möglichkeit der Beschäftigung an einem anderen Ort ergibt, wenn die Arbeitsstelle, an der sie bisher beschäftigt waren, aufgelöst wird. Vergleichbares gilt für die nichtwissenschaftlichen Beamten der Hochschule: § 28 III LBG sieht vor, daß ein Beamter auch ohne seine Zustimmung in ein anderes Amt versetzt werden kann, wenn die Behörde, in der er bisher beschäftigt war, aufgelöst oder auf Grund eines Gesetzes oder einer Verordnung der Landesregierung mit einer anderen verschmolzen wird. Diese Vorschrift ist nach § 199 II LBG auch auf die wissenschaftlichen Beamten anwendbar, soweit sie nicht Professoren sind.

Etwas anderes gilt für Professoren. Sie sind grundsätzlich unversetzbar (§ 202 I LBG). Folglich bedarf ihre Versetzung im allgemeinen ihrer Zustimmung (§§ 202 II LBG, 50 II 1 HRG). Ausnahmsweise ist auch diese Zustimmung u. a. dann entbehrlich, wenn die Hochschule oder Hochschuleinrichtung, an der sie tätig sind, aufgelöst oder mit einer anderen Hochschule zusammengeschlossen wird; allerdings hat die aufnehmende Hochschule in diesem Fall das Recht der Mitwirkung in Form der Anhörung (§§ 50 II 2 HRG, 202 II 2 LBG).

Fachbereiche und Senate der Fachhochschulen Bochum und Dortmund (§§ 21 II, 17 I 8 FHSG) müssen also an der Übernahme der Professoren der Fachbereiche Sozialwesen, Architektur, Bauingenieurwesen beteiligt werden. Soweit es die Professoren der Iserlohner Fachbereiche Physikalische Technik, Maschinenbau und (vorgesehen) Elektrotechnik angeht, ist eine Beteiligung des Senates der FHS Dortmund erforderlich.

Dabei dürfte die Eingliederung der Professoren der drei letztgenannten Fachbereiche keine größeren Probleme aufwerfen, da dort die Kollegien geschlossen in den Lehrkörper der FHS Dortmund inkorporiert werden, während es sich bei der Übernahme der Professoren der erstgenannten drei Fachbereiche um eine Versetzung in „offene" Fachbereiche handelt.

Unter II wird zunächst geprüft, wie das allgemeine Regelungssystem für die Versetzung von Beamten beschaffen ist und welche Sonderregelungen sich für Hochschullehrer ergeben. Der Untersuchung der möglichen Verfassungswidrigkeit von §§ 202 II LBG, 50 II LBG, 50 II 2 HRG ist Abschnitt III gewidmet. IV behandelt sodann die Tatbestandsvoraussetzungen einer Versetzung und V beschäftigt sich abschließend mit einigen Rechtsfolgen der Versetzung.

II. Versetzung von Hochschullehrern

1. Das Problem

§§ 202 II LBG, 50 II HRG konkretisieren – ausgehend vom Grundsatz der Nichtversetzbarkeit der Hochschullehrer (§ 202 I 1 LBG, früher § 106 BRRG) – und modifizieren deshalb den sog. allgemeinen Organisationsvorbehalt, der es dem Dienstherrn erlaubt, durch Um- und Versetzungen Mobilität und Flexibilität seiner Beamten herbeizuführen. Die Vorschriften enthalten zugleich eine Einschränkung des Selbstverwaltungsrechtes der aufnehmenden Hochschule, das gerade im „Mischbereich" der Personalauswahl – hier sind Staatsverwaltungs- und Selbstverwaltungselemente miteinander verbunden – eine deutliche Ausprägung erhalten hat. Diese Einschränkung ist ausnahmsweise und in dem unbedingt erforderlichen Ausmaß durch die besondere Situation einer Auflösung von Hochschulen gerechtfertigt[185].

---

[185] StGH BW, DÖV 1981, 963 (966); BVerfGE 51, 369, hat eine dem § 202 II LBG vergleichbare Regelung des Saarländischen PH-Gesetzes nicht beanstandet; vgl. auch *Pitschas* (o. Fn. 18), S. 254 m. w. N.

II. Versetzung von Hochschullehrern

2. Zur Versetzung von Beamten

Versetzungsmaßnahmen sind nach allgemeinem Beamtenrecht Ausfluß der Dispositionsbefugnis (Organisationsgewalt) des Dienstherrn[186].

Nach § 18 BRRG setzt eine Veränderung des Amtes im funktionellen Sinne folgendes voraus:
- Gleichwertigkeit des neuen Amtes;
- Versetzungsantrag des Beamten;
- oder seine Zustimmung;
- oder ein dienstliches Bedürfnis.

Gleichwertigkeit und besonderer Grund sind also die ausschlaggebenden Tatbestandsmerkmale. Nach § 19 BRRG kann von dem Merkmal der Gleichwertigkeit des neuen Amtes bei nachhaltiger Veränderung der Behördenorganisation abgesehen werden.

3. Versetzung von Hochschullehrern

Hochschullehrer haben eine beamtenrechtliche Sonderstellung, wie in § 50 II 1 HRG zum Ausdruck kommt. Als Folge der Wissenschaftsfreiheit gilt für sie allgemein ein Abordnungs- und Versetzungsverbot (§ 50 I 1 HRG)[187]. Dieser Sonderstatus verschafft dem Hochschullehrer eine dem Richter vergleichbare Unbhängigkeit[188].

§ 106 BRRG bestätigte (in inzwischen aufgehobener Fassung) diesen Grundsatz; dasselbe gilt für §§ 202 II LBG und 50 II HRG. Im Vergleich mit den für alle Beamten geltenden Versetzungsregeln bedeutet das nun:
- Zusätzlich zu den genannten Voraussetzungen einer Versetzung kommen aus der Selbstverwaltungsgarantie (Art. 5 III GG) fließende Rechte der abgebenden Hochschule (wenn diese erhalten bleibt), vor allem aber der aufnehmenden Hochschule hinzu;

---

[186] *Günther*, Änderungen des funktionellen Amtes, ZBR 1978, S. 73 – 85 (73); *Kehler*, in: Denninger, HRG, Kommentar, München 1984, § 50, Rn. 9, 13 m. w. N.; *Karpen*, Abbau (o. Fn. 10), S. 52.
[187] *Reich*, Bayer. Hochschullehrergesetz, Stuttgart 1981, Art. 12, Rn. 7; *Thieme*, Führungsakademie, WissR 13, 1980, S. 10 – 29 (15).
[188] *Werner Weber*, Die Rechtsstellung des deutschen Hochschullehrers, 2. Aufl., 1965, S. 9, 29, 32.

- §§ 50 II 1 HRG, 202 II 1 LBG: Im Falle des Antrages oder der Zustimmung des Hochschullehrers (normale Berufung) gilt nichts Besonderes; die Rechte der Hochschulen bleiben erhalten;
- §§ 50 II 2 HRG, 202 II 2 LBG ermöglichen eine Ermessensentscheidung des Dienstherrn für die Versetzung unter Verzicht auf die Zustimmung des Professors und unter Einschränkung der Personalbefugnisse der aufnehmenden Hochschule[189].

Voraussetzungen der Versetzung sind also nunmehr: ein gleichwertiges Amt und die Notwendigkeit einer organisatorischen Veränderung im Hochschulbereich (Beendigung von Studiengängen, Schließung einer Hochschule).

4. Die Regelung der §§ 50 II 2 HRG, 202 II LBG

Diese Normen sind die einzige Grundlage für Versetzungen von Hochschullehrern. Das besondere Regelungsschema für ihre Versetzung erfordert also
- ein gleichwertiges Amt an einer anderen Hochschule,
- einen Antrag oder die Zustimmung des Hochschullehrers
- oder das „dienstliche Bedürfnis" nach § 50 II 2 HRG, also die Auflösung einer Hochschule bzw. die Aufgabe eines Studienganges.

III. Verfassungsmäßigkeit der §§ 50 II 2 HRG, 202 II 2 LBG

1. Versetzungsrecht und Wissenschaftsfreiheit

Auf den ersten Blick wird man die Berechtigung der Vorschrift nicht in Frage stellen können: Wenn eine Hochschule oder ein Fachbereich mangels Nachfrage geschlossen werden und Hochschullehrer sich gegen die Versetzung in gleichwertige Ämter an andere Hochschulen wehren, so muß das öffentliche Interesse daran, daß sie ihre Leistungen gegenüber dem Dienstherrn weiter erbringen, Vorrang vor persönlichen Interessen haben[190]. Verfassungsrechtlichen Zweifeln begegnen die Vorschriften im

---

[189] *Karpen*, Abbau (o. Fn. 10), S. 52.

[190] *Dellian*, in: Dallinger/Bode/Dellian, HRG, Kommentar, Tübingen 1978, § 50 Rn. 2.

III. Verfassungsmäßigkeit der §§ 50 II 2 HRG, 202 II 2 LBG   69

Hinblick auf das Recht am Amt des zu versetzenden Hochschullehrers (2.) und etwaige Rechte der abgebenden Hochschule – wenn diese nur reduziert, nicht aufgelöst wird (3.) sowie jedenfalls das Kooptationsrecht der aufnehmenden Hochschule (4.). Das in § 50 II 2 am Ende HRG genannte Mitwirkungsrecht der aufnehmenden Hochschule kann als Restbestand des Kooptationsrechtes angesehen werden.

Tiefgreifende Kritik an der Verfassungsmäßigkeit des § 50 II HRG hat vor allem Blümel geübt, und zwar unter Bezugnahme auf die „hergebrachten Grundsätze des Berufsbeamtentums" (Art. 33 V GG)[191]. Demgegenüber haben Rechtsprechung und Literatur[192] die Verfassungsmäßigkeit des § 50 II 2 HRG nicht in Zweifel gezogen. Die Vorschrift entspreche im wesentlichen dem staatlichen Organisationsvorbehalt; auch sei die Verhältnismäßigkeit von Zweck (Hochschulorganisation) und Mittel (Versetzung) gewahrt. Dem ist im Endergebnis zuzustimmen[193].

2. Recht am Amt

Nach der Rechtsprechung kann aus dem traditionellen Verbot der Versetzung von Hochschullehrern nicht auf ein in Art. 33 V GG verankertes unantastbares Recht am Amt geschlossen werden. Das Bundesverfassungsgericht[194] hat ausgeführt, daß die den Professoren eigentümliche Unabhängigkeit bei der Ausübung des Berufes die allgemeine beamtenrechtliche Stellung nicht berühre. „Insbesondere kann der Hochschullehrer aus Art. 5 III GG kein verfassungsmäßiges Recht auf unbeschränkte Belassung im Amt oder zeitlich unbeschränkte Zugehörigkeit zur Hochschulkorporation herleiten". Weitere Entscheidungen[195] bestätigen, daß ein Recht auf die ungeschmälerte und unveränderte Ausübung der übertragenen dienstlichen Aufgaben nicht zu den Grundsätzen des Art. 33 V GG gehört.

---

[191] Vom Hochschullehrer zum Professor, in: Öffentlicher Dienst, Festschrift für Carl Hermann Ule, Köln 1977, S. 287 - 309 (303).
[192] BVerfGE 51, 369 (382); StGH BW DÖV 1981, 964; *Kehler* (o. Fn. 186), § 51 Rn. 11 und *Roellecke*, Rechtsfragen der Auflösung der Pädagogischen Hochschule des Saarlandes, Rechtsgutachten, Saarbrücken 1978, S. 40.
[193] *Karpen*, Abbau (o. Fn. 10), S. 56 f.; keine Bedenken hat auch *Reich* (o. Fn. 187), Art. 12, Rn. 8 unter Hinweis auf VG Berlin, WissR 8 (1975), S. 268.
[194] E 3, 58 (151).
[195] BVerfGE 8, 332 (334) und E 43, 242 (282).

C. Versetzung der Professoren

3. Rechte der abgebenden Hochschule

Die Frage, ob die abgebende Hochschule grundsätzlich in der Lage ist, einen „wohlerworbenen" Personalbestand gegen organisatorische Maßnahmen des Staates und ihrer personellen Konsequenzen zu verteidigen, mag hier dahinstehen, da die FHS Hagen aufgelöst werden soll. Es handelt sich also nicht um den Fall, daß aus einem Fachbereich wegen der Einstellung eines Studienganges Hochschullehrer versetzt werden[196].

4. Rechte der aufnehmenden Hochschule

Die Organisationsmaßnahmen und Versetzungen nach §§ 50 II 2 HRG, 202 II LBG beschränken das Berufungsvorschlagsrecht der aufnehmenden Hochschulen. Dort frei werdende Stellen werden mit versetzten Stelleninhabern besetzt. Fraglich ist, ob durch einen solchen Oktroi nach § 50 II 2 HRG die Wissenschaftsfreiheit (Art. 5 III GG) in ihrer Ausprägung als Kooptationsrecht (§ 45 HRG) verletzt wird. Sowohl das Bundesverwaltungsgericht wie auch das Bundesverfassungsgericht haben Art. 5 III GG dahin verstanden, es gäbe zwar kein unbeschränktes Kooptationsrecht der Hochschule, jedoch ein „Verbundsystem" zwischen dem Vorschlagsrecht von Fachbereich und Senat und dem staatlichen Berufungsrecht[197].

Auch diese Grundrechtsausübung stößt aber an die Grenzen des geltenden Rechtes, wozu der staatliche Organisationsvorbehalt gehört, also das Recht, Hochschulen zu gründen und auch zu schließen. Die notwendige Abwägung zwischen Wissenschaftsfreiheit als Kooptationsrecht und Organisationsvorbehalt[198] ist, wie folgt, zu treffen:

– wenn in erster Linie wissenschaftliche Gesichtspunkte eine Rolle spielen (Normalfall der Berufung), tritt das berechtigte Interesse der Hochschule in den Vordergrund; der Oktroi eines Professors ist i. d. R. unzulässig;

---

[196] *Karpen*, Abbau (o. Fn. 10), S. 58; *Kehler* (o. Fn. 186), § 50 Rn. 11.

[197] BVerwGE 16, 50 (52), BVerfGE 15, 256 (264); so auch *Scholz*, in: Maunz/Dürig/Herzog/Scholz (o. Fn. 36), Art. 5 III, Rn. 168; auch *Siekmann*, Zusammenwirken von Staat und Hochschule bei der Besetzung von Lehrstühlen, DÖV 1979, 83 (Fn. 15).

[198] *Karpen*, Abbau (o. Fn. 10), S. 61.

– sind indes grundlegende Strukturänderungsmaßnahmen im Hochschulwesen eines Landes notwendig, so ergibt sich eine Gewichtsverlagerung zugunsten des Landes[199].

Soweit das Kooptationsrecht durch die staatliche Organisationshoheit überlagert wird, mag die Anhörung als „geschrumpftes Kooptationsrecht" der aufnehmenden Hochschule gelten (§ 50 II 2 am Ende HRG). Die Mitwirkungsbefugnis ist somit in Art. 5 III GG verankert[200].

IV. Die Tatbestandsvoraussetzungen einer Versetzung

Es ist davon auszugehen, daß den nach dem Willen des Gesetzgebers umzusetzenden Hochschullehrern ein gleichwertiges Amt zur Verfügung gestellt wird. Das könnte für die Professoren, die nach Bochum versetzt werden sollen, problematisiert werden, nicht jedoch für die Professoren aus Iserlohn (sowie dem dorthin zu verlagernden FB Elektrotechnik), da sie ja in ihren Fachbereichen verbleiben[201]. Ferner soll die abgebende Hochschule Hagen geschlossen werden.

Die Anhörung der betroffenen Hochschullehrer gehört zu den (ungeschriebenen) Tatbestandselementen der §§ 50 II 2 HRG, 202 II LBG[202]. Letztlich ergibt sich das Beteiligungsrecht aus dem hergebrachten beamtenrechtlichen Grundsatz der Fürsorgepflicht des Dienstherren (Art. 33 V). Die Anhörung der Fachhochschulen Dortmund und Bochum ergeben sich aus § 50 II 2 am Ende HRG und § 28 VwVfG NRW; die erstgenannte Vorschrift ist also gar nicht konstitutiv.

V. Sonstige Folgen der Versetzung

Der Dienstherr hat nicht nur die Rechtsfolgen der Versetzung zu beachten, sondern auch tatsächliche Folgen[203]. Das Land muß im Rah-

---

[199] *Wimmer*, Zum Rechtsstatus der Professoren der Pädagogischen Fakultät der Universität Bonn, Rechtsgutachten, Bonn 1984 (ungedruckt), S. 53 ff.; ders., Zum Rechtsstatus der Professoren der Pädagogischen Fakultät der Universität Bonn, in: Mitteilungen des Hochschulverbandes, 2/1984, S. 91 ff.
[200] *Lorenz* (o. Fn. 42), S. 9, 10; *Karpen*, Abbau (o. Fn. 10), S. 62.
[201] Vgl. BVerfGE 49, 64 (67); BVerwG DÖV 1978, 19; *Kehler* (o. Fn. 186), S. 50 Rn. 20.
[202] *Karpen*, Abbau (o. Fn. 10), S. 65.
[203] *Kehler* (o. Fn. 186), § 5 Rn. 32.

men seiner Möglichkeiten dafür sorgen, daß die folgenden Vorbedingungen einer Arbeitsaufnahme in der Fachhochschule, der die versetzten Professoren zugewiesen sollen, erfüllt werden:
- Beschreibung des (neuen) Dienstpostens,
- Zuordnung zu einer Einrichtung,
- Abgrenzung des Arbeitsgebietes,
- Zuordnung von Personal,
- Zuweisung von Sachmitteln,
- Zuordnung von Lehraufgaben.

Es kommt darauf an, die tatsächliche Ausgestaltung des bisherigen Dienstpostens des Hochschullehrers „mitzunehmen"[204]. Da die konkreten Arbeitsbedingungen des Professors von diesen Voraussetzungen nachhaltig beeinflußt werden, dürfte die Konsensfähigkeit der gesamten Versetzungsmaßnahme nicht nur von intensiver Zusammenarbeit aller Beteiligter, sondern wesentlich auch davon abhängen, inwieweit das Land bereit ist, durch die Verbesserung der Ausstattung der aufnehmenden Hochschulen sicherzustellen, daß die hinzutretenden Professoren die Arbeitsbedingungen vorfinden, die ihren bisherigen entsprechen[205].

---

[204] *Kehler* (o. Fn. 186), § 5 Rn. 32.
[205] *Karpen*, Abbau (o. Fn. 10), S. 67 m. w. N.

D. Möglichkeiten der gerichtlichen Überprüfung des HSÄG

I. Gerichtliche Kontrolle

Es ist Aufgabe der Gerichte, das HSÄG auf seine Übereinstimmung mit dem Grundgesetz und der Verfassung des Landes Nordrhein-Westfalen zu überprüfen. Dafür kommen die folgenden Verfahrensarten in Betracht:
- Normenkontrollverfahren vor dem Verfassungsgerichtshof des Landes Nordrhein-Westfalen
- Antrag auf Erlaß einer einstweiligen Anordnung gegen das Inkrafttreten des HSÄG
- Feststellungsklage zum Verwaltungsgericht
- Verfassungsbeschwerde zum Bundesverfassungsgericht.

II. Normenkontrollverfahren vor dem Verfassungsgerichtshof des Landes Nordrhein-Westfalen

Denkbar ist die Einleitung eines Normenkontrollverfahrens vor dem Verfassungsgerichtshof des Landes Nordrhein-Westfalen nach Art. 75 Nr. 3 Verf NRW i. V. m. § 13 Nr. 6 und §§ 45 ff. des VerfGHG NRW. Als Antragsteller kommt ein Drittel der Mitglieder des Landtages von Nordrhein-Westfalen in Betracht. Die FHS Hagen ist nicht antragsberechtigt. Das Gericht wird über den Normenkontrollantrag erst nach Inkrafttreten des HSÄG entscheiden[206].

Es wird zu dem Ergebnis kommen, daß § 1 des HSAG wegen Verstoßes gegen das Rechtsstaatsprinzip und das Übermaßverbot (Art. 4 LdVerf, Art. 2 GG) nichtig ist.

---

[206] BVerfGE 1, 396 (400, 405, 406 f., 408, 410); *Pestalozza*, Verfassungsprozeßrecht, 2. Aufl., München 1982, S. 68.

III. Antrag auf Erlaß einer einstweiligen Anordnung

Die Antragsteller nach II können beim Verfassungsgerichtshof Nordrhein-Westfalen auch einen Antrag auf Erlaß einer einstweiligen Anordnung auf Aussetzung des Vollzuges des § 1 HSÄG stellen. Das Hauptverfahren muß nicht bereits anhängig sein[207], so daß der Antrag auch vor Stellung des Normenkontrollantrages zulässig ist. Der Antrag auf Erlaß einer einstweiligen Anordnung kann auch bereits gestellt werden, wenn das HSÄG verkündet, aber noch nicht in Kraft getreten ist[208].

Wenn der VerfGH zu dem Ergebnis kommt, daß der FHS Hagen schwere Nachteile entstünden, wenn das HSÄG in Kraft träte, wird er das Inkrafttreten aussetzen. Hierbei wird es einen strengen Maßstab anlegen[209].

IV. Feststellungsklage vor dem Verwaltungsgericht

Die FHS Hagen kann beim Verwaltungsgericht in Arnsberg Klage auf Feststellung ihres Fortbestandes erheben, wenn das HSÄG in Kraft getreten ist. Im Rahmen dieser Klage wird das Gericht inzidenter die Verfassungsmäßigkeit des Gesetzes prüfen[210].

Wenn es zu der Überzeugung gelangt, das HSÄG sei verfassungswidrig, muß es nach Art. 100 GG i. V. m. §§ 13 Nr. 7 und 48 ff. VerfGHG NRW die Entscheidung des Landesverfassungsgerichtshofes einholen. Der Verfassungsgerichtshof wird das Gesetz für verfassungswidrig und nichtig erklären.

V. Verfassungsbeschwerde zum Bundesverfassungsgericht

Unter Berufung auf Art. 5 III GG kann die FHS Hagen schließlich Verfassungsbeschwerde zum Bundesverfassungsgericht erheben. Nach § 90

---

[207] BVerfGE 3, 267 (277); E 11, 339 (342); E 42, 103 (119 f.).

[208] BVerfGE 1, 396 (408); *Maunz/Schmidt-Bleibtreu/Klein/Ulsamer*, Bundesverfassungsgerichtsgesetz, Kommentar, München, Stand Januar 1987, § 76 Rn. 16.

[209] BVerfGE 1, 1 (7); 24, 27; 39, 205; 46, 337 (340); *Pestalozza* (o. Fn. 206), S. 186.

[210] *Kopp*, Verwaltungsgerichtsordnung, 7. Aufl., München 1986, § 43 Rn. 8; *Battis* (o. Fn. 74), S. 275.

II 2 2. Alt. BVerfGG kann das Gericht über diese Beschwerde vor Erschöpfung des Rechtsweges entscheiden, wenn dargetan wird, daß der Beschwerdeführerin anderenfalls ein schwerer und unabwendbarer Nachteil entstünde.

E. Zusammenfassung

A. 1. Der EntwHSÄG ist ein staatlicher Organisationsakt der Gestaltung des Hochschulwesens in Gesetzesform.
2. Die Auflösung der FHS Hagen ist an den Grundrechten der Ausbildungsfreiheit der Studenten und Studienbewerber (Art. 12 GG) und der Wissenschaftsfreiheit (Art. 5 III GG) zu messen.
3. Die Auflösung einer Hochschule unter Nachfrage- und Bedarfsgesichtspunkten ist verfassungsgemäß.
4. Die Auflösung der FHS Hagen verstößt nicht gegen die Lehrfreiheit ihrer Hochschullehrer (Art. 5 III GG).
5. Art. 5 III GG schützt auch das Selbstverwaltungsrecht der FHS Hagen (Art. 16 LdVerf NRW).
6. (Fach-)Hochschulen sind Körperschaften des öffentlichen Rechts und zugleich staatliche Einrichtungen.
7. Es gehört zur staatlichen Organisationshoheit, Körperschaften zu gründen und auch ihre Existenz zu beenden.
8. Institutionelle Garantie der Hochschule bedeutet nicht Bestandsschutz für jede einzelne Hochschule.
9. Allerdings ist jede staatliche Organisationsmaßnahme an das rechtsstaatliche Gemeinwohlprinzip (Art. 20 GG) und das Übermaßverbot (Art. 2 GG) gebunden.
10. Der EHSÄG ist Einzelfall- und Maßnahmegesetz, nicht jedoch deshalb verfassungswidrig.
11. Es handelt sich um ein Planvollzugsgesetz, an dessen Vorbereitung die FHS Hagen nach dem Gegenstromprinzip beteiligt werden mußte.
12. Die gesetzliche Entscheidung zur Schließung der FHS Hagen erfordert eine Abwägung zwischen dem staatlichen (Hochschul-)Organisationsinteresse und den auf Erhaltung gerichteten Belangen der FHS.

E. Zusammenfassung

13. Der Gesetzgeber hat bei der Abwägung einen Gestaltungsspielraum. Jedoch machen Abwägungsausfall, Abwägungsdefizit, Abwägungsdisproportionalität im Vorgang der Abwägung sowie ein unverhältnismäßiges Abwägungsergebnis die Norm verfassungswidrig und damit nichtig.

B. 14. Das rechtsstaatliche Gesetzgebungsverfahren soll einen berechenbaren Ablauf des Entscheidungsverfahrens und ein gerechtes Ergebnis sichern.

15. Landesregierung und Gesetzgeber haben gegen den Grundsatz des „hochschulfreundlichen Verhaltens" verstoßen. § 1 HSÄG ist wegen eines Verfahrensmangels verfassungswidrig (Art. 20 GG) und damit nichtig.

16. Die Schließung der FHS Hagen weist im Hinblick auf die Regionalplanung ein offensichtliches Ermittlungsdefizit auf. § 1 HSÄG ist insoweit verfassungswidrig und nichtig.

17. Die vom Gesetzgeber in Bezug auf die Nachfrage nach Studienplätzen in Hagen und den Bedarf an Hochschulabsolventen der FHS Hagen angestellten Prognosen sind evident fehlerhaft. § 1 HSÄG ist insoweit verfassungswidrig und nichtig.

18. In Bezug auf die Leistungen der FHS Hagen in Forschung, Lehre und Dienstleistung beruht § 1 EHSÄG auf einem Bewertungsfehler. Die Vorschrift ist verfassungswidrig und nichtig.

19. In Bezug auf die beabsichtigte Einsparung von Finanzmitteln ist die Entscheidung für die Schließung der FHS Hagen unverhältnismäßig und damit verfassungswidrig und nichtig.

20. Die Annahme, die Fernuniversität Hagen und die FHS-Standorte Iserlohn, Bochum und Dortmund könnten die regionale Versorgung sicherstellen, ist prognostisch fehlerhaft.

21. Das Abwägungsergebnis ist unverhältnismäßig, da das mildere Mittel der Bildung einer Verwaltungsgemeinschaft mit der Fernuniversität Hagen nicht in Erwägung gezogen wurde. Insofern ist § 1 HSÄG verfassungswidrig und nichtig.

22. Wegen eines Verstoßes gegen das Rechtssicherheit gewährleistende Prinzip der Kontinuität staatlichen Handelns ist die gesetzgeberische Entscheidung unverhältnismäßig, also verfassungswidrig und nichtig.

C. 23. §§ 50 II HRG, 202 II LGB verstoßen nicht gegen Art. 33 V, 5 III GG.

24. Die die aus Hagen versetzten Professoren aufnehmenden Hochschulen müssen vor der Übernahme angehört werden.

25. In intensiver Zusammenarbeit aller Beteiligten unter besonderer Verantwortung des Landes sind für die versetzten Professoren gleichwertige Arbeitsbedingungen zu schaffen.

26. Der gerichtlichen Überprüfung des § 1 EHSÄG können ein Normenkontrollverfahren vor dem Verfassungsgerichtshof Nordrhein-Westfalen, eine Feststellungsklage zum Verwaltungsgericht und eine Verfassungsbeschwerde zum Bundesverfassungsgericht dienen.

Anlagen

Anlage 1

Bewerberzahl und Kapazitätszahl in den (Fachhochschul-)Studiengängen Architektur, Elektrotechnik, Sozialarbeit und Sozialpädagogik an einigen Hochschulen des Landes sowie auf Landesebene

Kapazitätszahl/Bewerberzahl je Studienort 1. Wahl/Bewerberzahl in % der Kapazitätszahl (= 100)

Studiengang	Semester	Land NW	FH Bielefeld	FH Bochum	FH Dortmund	FH Hagen	FH Niederrhein	U-GH Paderborn	U-GH Siegen
Architektur	WS 81/82	1.348/2.193/163	58/ 54/ 93	73/134/184	133/153/115	94/ 59/ 63	—	88/ 51/ 58	108/ 79/ 73
	WS 82/83	1.371/2.259/165	67/ 51/ 76	73/129/177	140/133/ 95	93/ 75/ 81	—	78/ 45/ 58	108/106/ 98
	WS 83/84	1.382/2.094/152	67/ 34/ 51	72/104/144	150/156/104	92/ 55/ 60	—	84/ 44/ 52	108/ 91/ 84
	WS 84/85	1.429/2.234/156	53/ 43/ 81	72/130/181	143/144/101	96/ 63/ 66	—	86/ 61/ 71	112/108/ 96
	WS 85/86	1.381/1.866/135	53/ 43/ 81	72/ 90/125	138/119/ 86	81/ 56/ 69	—	82/ 33/ 40	109/ 87/ 80
	WS 86/87	1.399/1.515/108	53/ 42/ 79	79/ 63/ 80	140/111/ 79	83/ 42/ 51	—	80/ 21/ 26	99/ 53/ 54
	WS 87/88	1.403/1.516/108	60/ 26/ 43	76/ 81/107	133/134/101	84/ 42/ 50	—	79/ 23/ 29	104/ 56/ 54
Elektrotechnik	WS 81/82	—	—	—	—	—	—	—	—
	WS 82/83	2.241/3.302/147	181/162/ 90	245/396/162	177/347/196	99/ 85/ 86	197/235/119	217/221/102	—
	WS 83/84	2.133/4.118/193	182/210/115	245/563/230	188/420/223	98/105/107	197/336/171	213/240/113	—
	WS 84/85	2.185/3.679/168	188/271/144	257/506/197	185/310/168	99/124/125	193/267/138	217/196/ 90	—
	WS 85/86	2.147/3.348/156	182/193/106	255/423/166	177/334/189	102/118/116	197/214/109	216/187/ 87	—
	WS 86/87	2.153/3.604/167	189/174/ 92	236/458/194	188/341/181	104/131/126	196/289/147	211/186/ 88	—
	WS 87/88	2.205/3.876/176	183/202/110	242/528/218	182/368/202	101/103/102	200/257/129	208/224/108	—
Sozialarbeit	WS 81/82	944/2.419/256	77/343/445	—	173/349/202	52/101/194	134/137/102	—	77/120/156
	WS 82/83	886/2.329/263	71/321/452	—	148/283/191	48/113/235	105/119/113	—	79/118/149
	WS 83/84	870/1.701/196	69/216/313	—	148/186/126	53/ 96/181	105/105/100	—	65/ 83/128
	WS 84/85	863/1.253/145	67/218/176	—	141/173/123	63/ 75/119	94/ 57/ 61	—	75/ 64/ 85
	WS 85/86	830/1.011/122	63/112/178	—	140/121/ 86	57/ 49/ 86	102/ 58/ 57	—	69/ 58/ 84
	WS 86/87	851/1.038/122	62/ 73/118	—	134/139/104	56/ 59/105	101/ 58/ 57	—	76/ 36/ 47
	WS 87/88	768/ 889/116	62/ 93/150	—	117/109/ 93	53/ 36/ 68	113/ 47/ 42	—	—
Sozialpädagogik	WS 81/82	921/2.538/276	76/339/446	—	103/253/246	52/ 69/133	133/178/134	—	77/141/183
	WS 82/83	937/2.408/257	71/316/445	—	138/243/176	48/ 66/138	104/124/119	—	80/108/135
	WS 83/84	851/1.897/223	69/242/351	—	120/198/165	53/ 62/117	105/112/107	—	65/109/168
	WS 84/85	822/1.620/197	66/181/274	—	125/165/132	48/ 54/113	94/ 93/ 99	—	75/ 96/128
	WS 85/86	817/1.267/155	62/129/208	—	117/132/113	44/ 37/ 84	101/ 58/ 57	—	69/ 65/ 94
	WS 86/87	859/1.533/178	62/136/219	—	116/137/118	47/ 50/106	100/ 85/ 85	—	86/ 55/ 64
	WS 87/88	791/1.613/204	62/163/263	—	113/165/146	47/ 58/123	113/ 92/ 81	—	—

Anlage 2

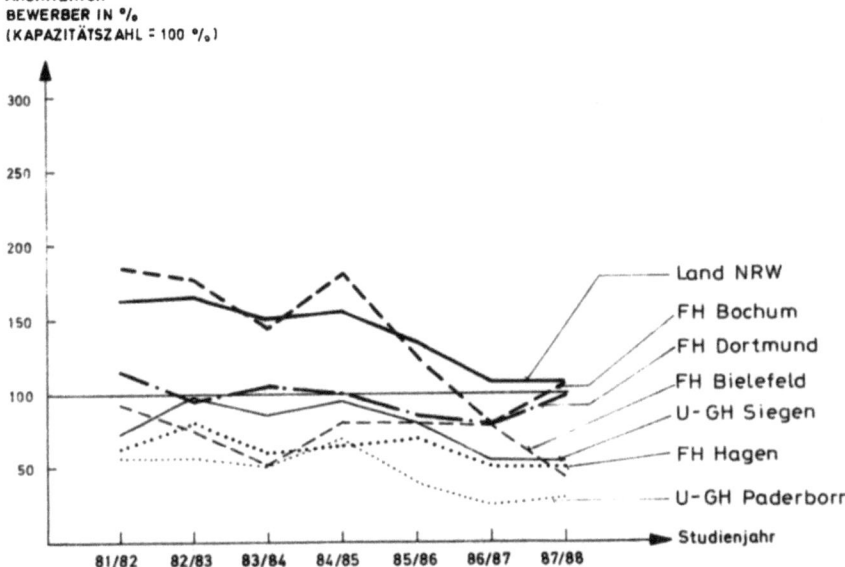

Grafik 1: Entwicklung der Bewerberzahl je Studienort erster Wahl in Prozent der Kapazitätszahl (= 100 %) im Studiengang Architektur an einigen Hochschulen des Landes sowie im Land NRW insgesamt

Anlage 3

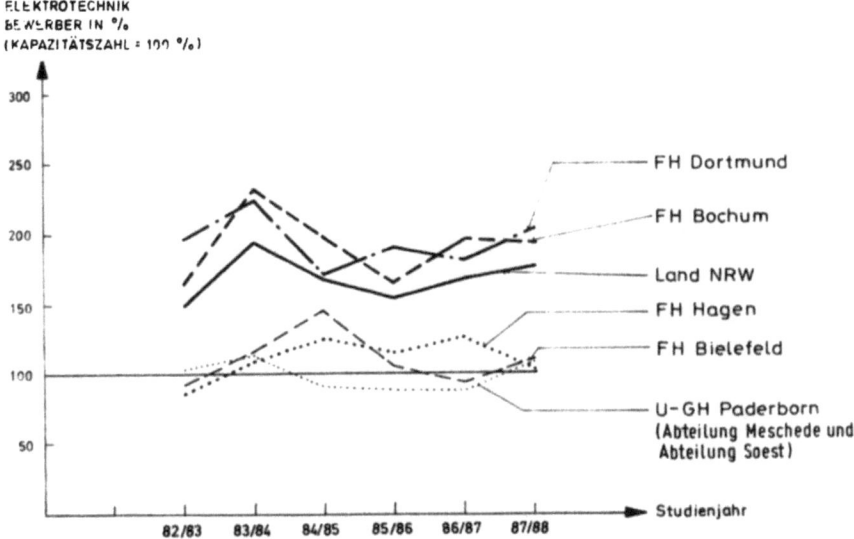

Grafik 2: Entwicklung der Bewerberzahl je Studienort erster Wahl in Prozent der Kapazitätszahl (= 100 %) im Studiengang Elektrotechnik an einigen Hochschulen des Landes sowie im Land NRW insgesamt

Anlage 4

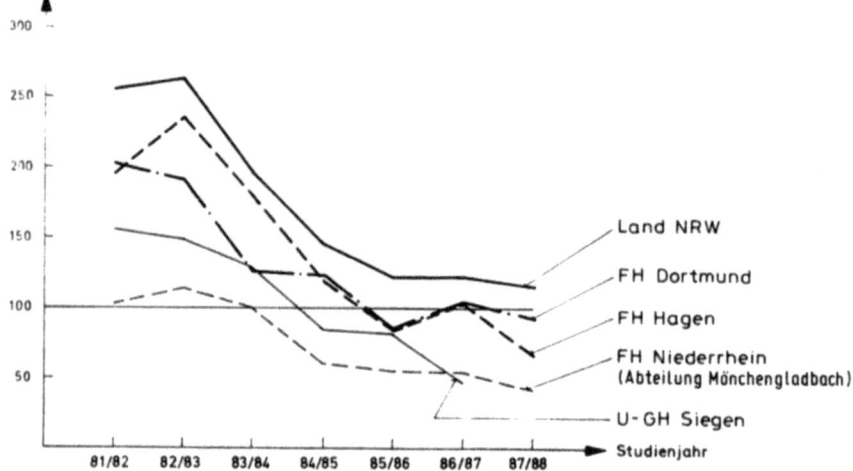

Grafik 3: Entwicklung der Bewerberzahl je Studienort erster Wahl in Prozent der Kapazitätszahl (= 100%) im Studiengang Sozialarbeit an einigen Hochschulen des Landes sowie im Land NRW insgesamt

Anlage 5

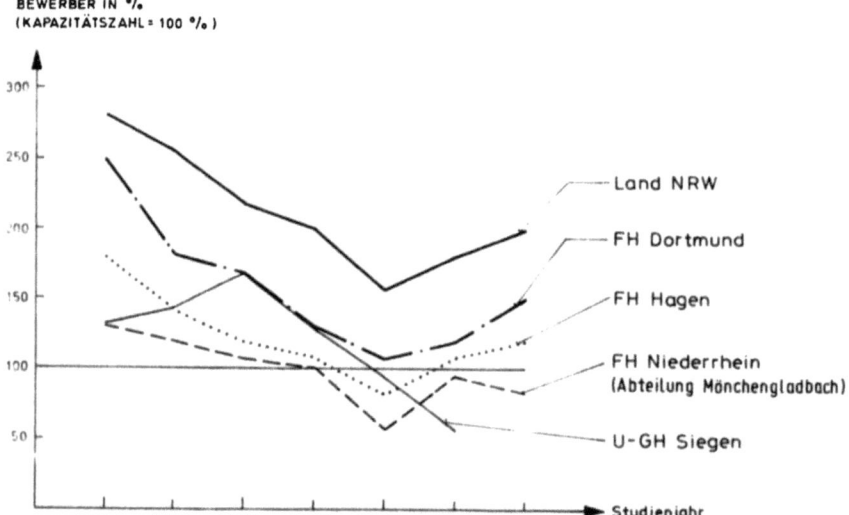

Grafik 4: Entwicklung der Bewerberzahl je Studienort erster Wahl in Prozent der Kapazitätszahl (= 100%) im Studiengang Sozialpädagogik an einigen Hochschulen des Landes sowie im Land NRW insgesamt

Anlage 6

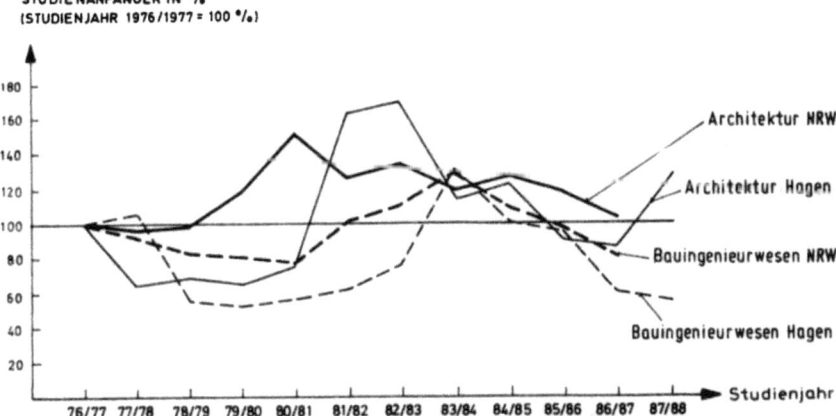

In diesen Studiengängen hat sich die Fachhochschule Hagen im Landestrend oder besser entwickelt.

Grafik 5: Studienanfänger der Studiengänge Architektur und Bauingenieurwesen der Fachhochschule Hagen im Vergleich zur Entwicklung im Land NRW

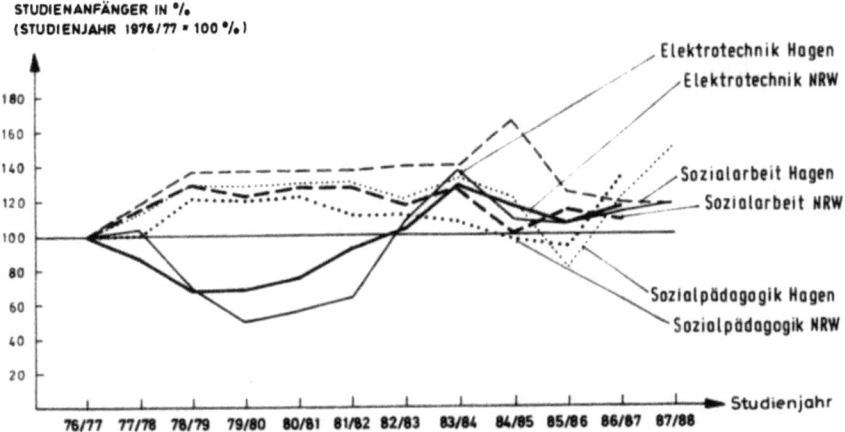

In diesen Studiengängen hat sich die Fachhochschule Hagen im Landestrend oder besser entwickelt.

Grafik 6: Studienanfänger der Studiengänge Elektrotechnik, Sozialarbeit und Sozialpädagogik der Fachhochschule Hagen im Vergleich zur Entwicklung im Land NRW

Anlage 7

Vergleich zwischen Studienanfänger- und Bewerberzahlen (Studienort 1. Wahl/ZVS) im Lande NRW

Studiengang	Studienjahr	Studien-anfängerzahl	Bewerberzahl (Studienort 1. Wahl)
Architektur	WS 81/82	1291	2193
	WS 82/83	1371	2259
	WS 83/84	1211	2094
	WS 84/85	1271	2234
	WS 85/86	1191	1866
	WS 86/87	1140	1515
	WS 87/88	1146*	1516
Elektrotechnik	WS 81/82	2089	–
	WS 82/83	2335	3302
	WS 83/84	2891	4118
	WS 84/85	2617	3679
	WS 85/86	2388	3348
	WS 86/87	2567	3604
	WS 87/88	2343*	3876
Sozialarbeit	WS 81/82	1181	2419
	WS 82/83	1086	2329
	WS 83/84	1168	1701
	WS 84/85	921	1253
	WS 85/86	1054	1011
	WS 86/87	988	1038
	WS 87/88	682*	889
Sozialpädagogik	WS 81/82	1188	2538
	WS 82/83	1184	2408
	WS 83/84	1150	1897
	WS 84/85	1048	1620
	WS 85/86	987	1267
	WS 86/87	1393	1533
	WS 87/88	970*	1613

* ohne Studienanfängerzahlen FH Köln

Printed by Libri Plureos GmbH
in Hamburg, Germany